Federico García Lorca

Poemas
Gedichte

Spanisch/Deutsch

Ausgewählt, übersetzt und herausgegeben
von Gustav Siebenmann

Reclam

RECLAMS UNIVERSAL-BIBLIOTHEK Nr. 18480
2007 Philipp Reclam jun. GmbH & Co. KG,
Siemensstraße 32, 71254 Ditzingen
info@reclam.de
Druck und Bindung: Elanders Waiblingen GmbH,
Anton-Schmidt-Straße 15, 71332 Waiblingen
Printed in Germany 2025
RECLAM, UNIVERSAL-BIBLIOTHEK und
RECLAMS UNIVERSAL-BIBLIOTHEK sind eingetragene Marken
der Philipp Reclam jun. GmbH & Co. KG, Stuttgart
ISBN 978-3-15-018480-6
reclam.de

Inhalt

LIBRO DE POEMAS · BUCH DER GEDICHTE

SUITES · SUITEN

POEMA DEL CANTE JONDO
DICHTUNG VOM CANTE JONDO

CANCIONES · LIEDER

ROMANCERO GITANO
ZIGEUNERROMANZEN

ODAS · ODEN

POETA EN NUEVA YORK
DICHTER IN NEW YORK

TIERRA Y LUNA
ERDE UND MOND

DIVÁN DEL TAMARIT
DIWAN DES TAMARIT

LLANTO POR IGNACIO SÁNCHEZ MEJÍAS
KLAGE UM IGNACIO SÁNCHEZ MEJÍAS

SONETOS DEL AMOR OSCURO
SONETTE DER DUNKLEN LIEBE

OTROS SONETOS
AUS DEN FRÜHEREN SONETTEN

Poemas
Gedichte

LIBRO DE POEMAS

(1918–1920)

La balada del agua del mar

A Emilio Prados
(cazador de nubes)

El mar
sonríe a lo lejos.
Dientes de espuma,
labios de cielo.

– ¿Qué vendes, oh joven turbia,
con los senos al aire?

– Vendo, señor, el agua
de los mares.

– ¿Qué llevas, oh negro joven,
mezclado con tu sangre?

– Llevo, señor, el agua
de los mares.

– ¿Esas lágrimas salobres
de dónde vienen, madre?

– Lloro, señor, el agua
de los mares.

– Corazón, ¿y esta amargura
seria, de dónde nace?

– ¡Amarga mucho el agua
de los mares!

BUCH DER GEDICHTE

(1918–1920)

Die Ballade vom Wasser des Meeres

Für Emilio Prados
(Wolkenjäger)

Das Meer
lächelt in der Ferne.
Zähne aus Schaum,
Lippen aus Himmel.

– Was verkaufst du, wirres Mädchen,
mit den Brüsten im Wind?

– Ich verkaufe, mein Herr, das Wasser
der Meere.

– Was bringst du, schwarzer Freund,
in deinem jungen Blut?

– Ich bringe, mein Herr, das Wasser
der Meere.

– Diese salzigen Tränen,
Mutter, woher kommen sie?

– Ich weine, mein Herr, das Wasser
der Meere.

– Mein Herz, diese ernste
Bitternis, woher rührt sie?

– Es verbittert sehr, das Wasser
der Meere!

El mar
sonríe a lo lejos.
Dientes de espuma,
labios de cielo.

Das Meer
lächelt in der Ferne.
Zähne aus Schaum,
Lippen aus Himmel.

SUITES

(1920–1923)

Dos estrellas del mar

En la torre
de la madrugada
María enseña a Venus
a tejer lana.
Venus le muestra todas
sus miradas
y María se asombra.

En la torre
de la madrugada.

Colores

Sobre París la luna
tiene color violeta
y se pone amarilla
en las ciudades muertas.

Hay una luna verde
en todas las leyendas,
luna de telaraña
y de rota vidriera,
y sobre los desiertos
es profunda y sangrienta.

SUITES

(1920–1923)

Zwei Sterne des Meeres

Auf dem Turm
des frühen Morgens
zeigt Maria der Venus,
wie man Wolle webt.
Venus verrät ihr alle
ihre Augenspiele,
und Maria staunt.

Auf dem Turm
des frühen Morgens.

Farben

Der Mond über Paris
erscheint in Veilchenfarbe
und wird schwefelgelb
über den toten Städten.

Ein grüner Mond
ist in allen Legenden,
ein Mond wie Spinnweben,
wie ein blindes Fenster,
und über den Wüsteneien
ist er tief und blutend.

Pero la luna blanca,
la luna verdadera,
sólo luce en los quietos
cementerios de aldea.

Desde aquí

Decid a mis amigos
que he muerto
El agua canta siempre
bajo el temblor del bosque

Decid a mis amigos
que he muerto.
(¡Cómo ondulan los chopos
la gasa del sonido!)

Decid que me he quedado
con los ojos abiertos
y que cubría mi cara
el inmortal pañuelo
del azul.
¡Ah!

y que me fui sin pan a
mi lucero.

Aber der weiße Mond,
der einzig echte Mond,
scheint nur in den stillen
Dorffriedhöfen.

Von hier aus

Sagt meinen Freunden
ich sei gestorben
Andauernd singt das Wasser
unter dem Wispern des Waldes

Sagt meinen Freunden
ich sei gestorben.
(Wie schwellen die Pappeln
den Flor des Rauschens!)

Sagt, ich liege da
mit offenen Augen,
mein Gesicht bedeckt
vom unsterblichen Tuch
des Himmelblaus.
Ach!

und dass ich ging ohne Brot zu
meinem Stern.

Cúco. Cuco. Cucó.

Último nocturno

¡Oh qué estremecimiento!
El cuco ha llegado,
¡huyamos!

Si tú vieras a la amarga
adelfa sollozar,
¿qué harías, amor mío?

Pensaría en el mar.

Si tú vieses que la luna
te llama cuando se va,
¿qué harías, amor mío?

Suspirar.

Si yo te dijese un día:
«Te amo» desde mi olivar,
¿qué harías, amor mío?

Clavarme un puñal.

¡Oh qué estremecimiento!
El cuco ha llegado,
¡huyamos!

Popanz. Popanz. Popanz

Letztes Nachtstück

Oh, welch ein Schauder!
Der Popanz ist da,
nichts wie fort!

Wenn du sähest, wie der bittere
Oleander schluchzt,
was würdest du tun, Liebster?

Ich dächte ans Meer.

Wenn du sähest, dass der Mond
nach dir ruft, wenn er geht,
was würdest du tun, Liebster?

Seufzen.

Wenn ich dir sagte eines Tags:
»Ich liebe dich« vom Olivenhain her,
was würdest du tun, Liebster?

Einen Dolch mir in die Brust.

Oh, welch ein Schauder!
Der Popanz ist da,
nichts wie fort!

Reflexión

Hombre que vas y vienes,
huye del río y el viento,
cierra los ojos y …
… y vendimia tus lágrimas.

Con el alma en un hilo,
olvida la pregunta.
No menester las hoces
de la interrogación.

La pregunta es la yedra
que nos cubre y despista.
Gira ante nuestros ojos
prismas y encrucijadas.

La respuesta es la misma
pregunta disfrazada.
Va como manantial
y vuelve como espejo.

Los puentes colgantes

¡Oh qué gran muchedumbre
invisible y renovada
la que viene a este jardín
a descansar para siempre!

Cada paso en la Tierra
nos lleva a un mundo nuevo.
Cada pie lo apoyamos
sobre un puente colgante.

Spiegelung

Mensch, der du gehst und kommst,
meide den Fluss und den Wind,
schließe die Augen und …
… und keltere deine Tränen.

Hängt die Seele an einem Faden,
so vergiss das Fragen.
Unnötig sind die Sicheln
der Fragezeichen.

Die Frage ist der Efeu,
der uns bedeckt und trügt.
Sie gaukelt uns vor Augen
Prismen und Scheidewege.

Die Antwort ist genau
die Frage in anderer Maske.
Sie geht hinaus als Quelle
und kommt als Spiegel zurück.

Die Hängebrücken

Oh, welche Menschenmenge,
unsichtbar und stets erneuert,
die da strömt in diesen Garten,
um für immer hier zu ruhn!

Jeder Schritt auf dieser Erde
bringt uns in eine neue Welt.
Jeder Fuß tritt stets
auf eine Hängebrücke.

Comprendo que no existe
el camino derecho.
Sólo un gran laberinto
de encrucijadas múltiples.

Constantemente crean
nuestros pies al andar
inmensos abanicos
de senderos en germen.

¡Oh jardín de las blancas
Teorías! ¡Oh jardín
de lo que no soy pero
pude y debí haber sido!

Duna

Sobre la extensa duna
de la luz antiquísima,
me encuentro despistado
sin cielo ni camino.

El Norte moribundo
apagó sus estrellas.
Los cielos naufragados
se ondulaban sin prisa.

Por el mar de la luz
¿dónde voy? ¿a quién busco?
Aquí gime el reflejo
de las lunas veladas.

Ich sehe ein, es gibt ihn nicht,
den geraden Weg.
Bloß ein großes Labyrinth
vielfältiger Kreuzungen.

Unablässig erzeugen
unsere Füße beim Gehen
immense Fächer
aufkeimender Pfade.

O Garten du aus blanken
Theorien! O Garten du
dessen, was ich nicht bin, doch
hätte sein können, sein sollen!

Düne

Auf der weiten Düne
des uralten Lichts
hab ich mich verirrt,
ohne Himmel noch Weg.

Der Norden hat sterbend
seine Sterne gelöscht.
Die ertrunkenen Himmel
wellten sich träge.

Durch das Meer des Lichts
geh ich, wohin? Wen such ich?
Hier quält sich der Schein
der verhüllten Monde.

¡Ah mi fresco pedazo
de madera compacta,
vuélveme a mi balcón
y a mis pájaros vivos!

El jardín seguirá
moviendo sus arriates
sobre la ruda espalda
del silencio encallado.

Ach, du mein frisches Stück
harten Kirschbaumholzes,
bring mich auf meinen Balkon,
zu meinen munteren Vögeln!

Der Garten wird weiterhin
seine Hecken verschieben
auf dem rauen Rücken
des verstockten Schweigens.

POEMA DEL CANTE JONDO

(1920–1923)

Baladilla de los tres ríos

A Salvador Quintero

El río Guadalquivir
va entre naranjos y olivos.
Los dos ríos de Granada
bajan de la nieve al trigo.

¡Ay amor
que se fue y no vino!

El río Guadalquivir
tiene las barbas granates.
Los dos ríos de Granada,
uno llanto y otro sangre.

¡Ay amor
que se fue por el aire!

Para los barcos de vela
Sevilla tiene un camino;
por el agua de Granada
sólo reman los suspiros.

¡Ay amor
que se fue y no vino!

Guadalquivir, alta torre
y viento en los naranjales.

DICHTUNG VOM CANTE JONDO

(1920–1923)

Kleine Ballade von den drei Flüssen

Für Salvador Quintero

Zwischen Oliven und Orangen
läuft der Fluss Guadalquivir.
Die beiden Flüsse Granadas
fallen vom Schnee zum Korn.

Ach Liebe,
die ging und nicht kam!

Der Fluss Guadalquivir
trägt Bärte aus Granat.
Die beiden Flüsse Granadas:
einer blutet, der andere klagt.

Ach Liebe,
vom Winde verweht!

Für die Segelschiffe
hat Sevilla einen Weg;
auf den Wassern Granadas
rudern nur die Seufzer.

Ach Liebe,
die ging und nicht kam!

Guadalquivir, hoher Turm
und Wind in den Orangenhainen.

Dauro y Genil, torrecillas
muertas sobre los estanques.

¡Ay amor
que se fue por el aire!

¡Quién dirá que el agua lleva
un fuego fatuo de gritos!

¡Ay amor
que se fue y no vino!

Lleva azahar, lleva olivas,
Andalucía, a tus mares.

¡Ay amor
que se fue por el aire!

La guitarra

Empieza el llanto
de la guitarra.
Se rompen las copas
de la madrugada.
Empieza el llanto
de la guitarra.
Es inútil callarla.
Es imposible
callarla.
Llora monótona
como llora el agua,
como llora el viento
sobre la nevada.

Dauro und Genil, Türmchen
tot über den Teichen.

Ach Liebe,
vom Winde verweht!

Wer sagt denn, das Wasser
trage ein Irrlicht von Schreien!

Ach Liebe,
die ging und nicht kam!

Es trägt Orangenblüten, trägt Oliven,
Andalusien, deinen Meeren zu.

Ach Liebe,
vom Winde verweht!

Die Gitarre

Es beginnt das Klaglied
der Gitarre.
Es splittern die Gläser
des Morgengrauens.
Es beginnt das Klaglied
der Gitarre.
Nichts hilft, dass sie schweige.
Unmöglich,
dass sie schweigt.
Sie weint monoton,
wie das Wasser weint,
wie der Wind weint
über dem Schneefeld.

Es imposible
callarla.
Llora por cosas
lejanas.
Arena del Sur caliente
que pide camelias blancas.
Llora flecha sin blanco,
la tarde sin mañana,
y el primer pájaro muerto
sobre la rama.
¡Oh guitarra!
Corazón malherido
por cinco espadas.

Sorpresa

Muerto se quedó en la calle
con un puñal en el pecho.
No lo conocía nadie.
¡Cómo temblaba el farol!
Madre.
¡Cómo temblaba el farolito
de la calle!
Era madrugada. Nadie
pudo asomarse a sus ojos
abiertos al duro aire.
Que muerto se quedó en la calle
que con un puñal en el pecho
y que no lo conocía nadie.

Unmöglich,
dass sie schweigt.
Sie weint um Dinge,
die weit weg.
Sand aus dem heißen Süden,
der weiße Kamelien verlangt.
Sie beweint – Pfeil ohne Ziel –
den Abend ohne Morgen
und den ersten Vogel
tot auf dem Zweig.
O Gitarre!
Herz durchbohrt
von fünf Schwertern.

Überraschung

Tot blieb er liegen auf der Straße,
einen Dolch in der Brust.
Keiner kannte ihn.
Wie die Laterne flackerte!
Mutter.
Wie das Laternchen flackerte
am Straßenrand!
Es war in der Früh. Niemand
konnte ihm in die Augen schauen,
die starrten im harten Wind.
Tot habe er gelegen auf der Straße
mit einem Dolch in der Brust
und keiner habe ihn gekannt.

Sevilla

Sevilla es una torre
llena de arqueros finos.

Sevilla para herir.
Córdoba para morir.

Una ciudad que acecha
largos ritmos,
y los enrosca
como laberintos.
Como tallos de parra
encendidos.

¡Sevilla para herir!

Bajo el arco del cielo,
sobre su llano limpio,
dispara la constante
saeta de su río.

¡Córdoba para morir!

Y loca de horizonte,
mezcla en su vino
lo amargo de Don Juan
y lo perfecto de Dionisio.

Sevilla para herir.
¡Siempre Sevilla para herir!

Sevilla

Sevilla ist ein Turm
voll trefflicher Bogenschützen.

Sevilla um zu verletzen.
Córdoba um zu sterben.

Eine Stadt, die lauert
auf lange Rhythmen
und sie einrollt
wie Labyrinthe.
Wie Rebranken
in Flammen.

Sevilla um zu verletzen!

Unter dem Himmelsbogen,
über ihre blanke Ebene,
verschießt sie beständig
den Pfeil ihres Flusses.

Córdoba um zu sterben!

Und toll vom Horizont,
mischt sie in ihren Wein
die Bitternis des Don Juan
und die Vollkommenheit des Dionys.

Sevilla um zu verletzen.
Immer Sevilla um zu verletzen!

Balcón

La Lola
canta saetas.
Los toreritos
la rodean,
y el barberillo,
desde su puerta,
sigue los ritmos
con la cabeza.
Entre la albahaca
y la hierbabuena,
la Lola canta
saetas.
La Lola aquella,
que se miraba
tanto en la alberca.

Memento

Cuando yo me muera,
enterradme con mi guitarra
bajo la arena.

Cuando yo me muera,
entre los naranjos
y la hierbabuena.

Cuando yo me muera,
enterradme, si queréis,
en una veleta.

¡Cuando yo me muera!

Balkon

Die Lola
singt *saetas.*
Die jungen Toreros
um sie geschart,
und der kleine Barbier,
von seiner Tür her,
folgt den Rhythmen
mit nickendem Kopf.
Zwischen Basilienkraut
und der guten Minze
singt die Lola
saetas.
Die Lola von damals,
die so lange sich ansah
in der Zisterne.

Memento

Wenn ich einmal sterbe,
begrabt mich mit meiner Gitarre
unter dem Sand.

Wenn ich einmal sterbe,
zwischen Orangenbäumen
und der guten Minze.

Wenn ich einmal sterbe,
begrabt mich, wenn ihr wollt,
in einer Wetterfahne.

Wenn ich einmal sterbe!

Baile

La Carmen está bailando
por las calles de Sevilla.
Tiene blancos los cabellos
y brillantes las pupilas.

¡Niñas,
corred las cortinas!

En su cabeza se enrosca
una serpiente amarilla,
y va soñando en el baile
con galanes de otros días.

¡Niñas,
corred las cortinas!

Las calles están desiertas
y en los fondos se adivinan
corazones andaluces
buscando viejas espinas.

¡Niñas,
corred las cortinas!

Tanz

Die Carmen kommt tanzend
durch die Straßen Sevillas.
Weiß ist ihr Haar
und funkelnd die Pupillen.

Mädchen,
zieht schnell die Gardinen!

In ihrem Kopf windet
sich eine gelbe Schlange,
und beim Tanzen träumt sie
von Galanen anderer Tage.

Mädchen,
zieht schnell die Gardinen!

Verlassen die Straßen
und im Dunkel erahnt man
andalusische Herzen
auf der Spur alter Dornen.

Mädchen,
zieht schnell die Gardinen!

CANCIONES

(1921–1924)

Canción china en Europa

A mi ahijada
Isabel Clara

La señorita
del abanico,
va por el puente
del fresco río.

Los caballeros
con sus levitas,
miran el puente
sin barandillas.

La señorita
del abanico
y los volantes,
busca marido.

Los caballeros
están casados,
con altas rubias
de idioma blanco.

Los grillos cantan
por el Oeste.

(La señorita,
va por lo verde.)

LIEDER

(1921–1924)

Chinesisches Lied in Europa

Meinem Patenkind
Isabel Clara

Das Fräulein
mit dem Fächer
geht auf der Brücke
über den kühlen Fluss.

Die Herrschaften
im Gehrock
blicken zur Brücke
ohne Geländer.

Das Fräulein
mit dem Fächer
und den Rüschen
sucht einen Mann.

Die Herrschaften
sind verheiratet
mit großen Blonden
weißer Sprache.

Die Grillen zirpen
weit im Westen.

(Das Fräulein
geht ins Grüne.)

Los grillos cantan
bajo las flores.

(Los caballeros,
van por el Norte.)

Canción de jinete

Córdoba.
Lejana y sola.

Jaca negra, luna grande,
y aceitunas en mi alforja.
Aunque sepa los caminos
yo nunca llegaré a Córdoba.

Por el llano, por el viento,
jaca negra, luna roja.
La muerte me está mirando
desde las torres de Córdoba.

¡Ay qué camino tan largo!
¡Ay mi jaca valerosa!
¡Ay que la muerte me espera,
antes de llegar a Córdoba!

Córdoba.
Lejana y sola.

Die Grillen zirpen
unter den Blumen.

(Die Herrschaften
gehn nach Norden.)

Reiterlied

Córdoba.
Einsam und fern.

Schwarzes Pferdchen, großer Mond,
und Oliven in meinem Sattel.
Auch wenn ich die Wege kenne,
nie komm ich nach Córdoba.

Durch die Ebene, durch den Wind,
schwarzes Pferdchen, roter Mond.
Der Tod starrt mir entgegen
von den Türmen in Córdoba.

Ach, welch weiter Weg!
Ach, du mein wackeres Pferdchen!
Ach, mich erwartet der Tod,
eh ich komme nach Córdoba!

Córdoba.
Einsam und fern.

Arbolé arbolé
seco y verdé.

La niña del bello rostro
está cogiendo aceituna.
El viento, galán de torres,
la prende por la cintura.
  Pasaron cuatro jinetes,
sobre jacas andaluzas
con trajes de azul y verde,
con largas capas oscuras.
  «Vente a Córdoba, muchacha.»
La niña no los escucha.
  Pasaron tres torerillos
delgaditos de cintura,
con trajes color naranja
y espadas de plata antigua.
  «Vente a Sevilla, muchacha.»
La niña no los escucha.
  Cuando la tarde se puso
morada, con luz difusa,
pasó un joven que llevaba
rosas y mirtos de luna.
  «Vente a Granada, muchacha.»
Y la niña no lo escucha.
  La niña del bello rostro
sigue cogiendo aceituna,
con el brazo gris del viento
ceñido por la cintura.

Arbolé arbolé
seco y verdé.

Bäumchen Bäumchen
dürr und grün.

Das Mädchen hübsch von Antlitz
pflückt eben seine Oliven.
Der Wind, Galan der Türme,
fasst es um die Hüften.
  Da kommen vier Reiter vorbei
auf andalusischen Rappen,
gekleidet in Blau und Grün,
mit langer, dunkler Capa.
  »Komm mit nach Córdoba, Mädchen.«
Das Mädchen hört nicht hin.
  Da kommen drei Toreros vorbei
mit knabenhaften Hüften,
gekleidet in Orange,
mit Degen aus altem Silber.
  »Komm mit nach Sevilla, Mädchen.«
Das Mädchen hört nicht hin.
  Als der Abend violett
sich färbte, das Licht verschwamm,
kam ein Jüngling vorbei
mit Rosen und Myrten aus Mond.
  »Komm mit nach Granada, Mädchen.«
Das Mädchen hört nicht hin.
  Das Mädchen hübsch von Antlitz
will weiter Oliven pflücken,
den grauen Arm des Windes
fest um ihre Hüften.

Bäumchen Bäumchen
dürr und grün.

Naranja y limón.

¡Ay la niña
del mal amor!

Limón y naranja.

¡Ay de la niña,
de la niña blanca!

Limón.

(Cómo brillaba
el sol.)

Naranja.

(En las chinas
del agua.)

Desposorio

Tirad ese anillo
al agua.

(La sombra apoya sus dedos
sobre mi espalda.)

Tirad ese anillo. Tengo
más de cien años. ¡Silencio!

¡No preguntadme nada!

Tirad ese anillo
al agua.

Orange und Zitrone.

Ach, das Mädchen
mit der Unglücksliebe!

Zitrone und Orange.

Ach, das Mädchen,
das Mädchen in Weiß!

Zitrone.

(Wie gleißte
die Sonne.)

Orange.

(Auf den Kieseln
im Wasser.)

Verlobung

Werft diesen Ring
ins Wasser.

(Der Schatten legt seine Finger
auf meinen Rücken.)

Werft diesen Ring weg. Ich bin
mehr als hundertjährig. Ruhe!

Fragt mich ja nichts!

Werft diesen Ring
ins Wasser.

ROMANCERO GITANO

(1924–1927)

Preciosa y el aire

A Dámaso Alonso

Su luna de pergamino
Preciosa tocando viene,
por un anfibio sendero
de cristales y laureles.
El silencio sin estrellas,
huyendo del sonsonete,
cae donde el mar bate y canta
su noche llena de peces.
En los picos de la sierra
los carabineros duermen
guardando las blancas torres
donde viven los ingleses.
Y los gitanos del agua
levantan, por distraerse,
glorietas de caracolas
y ramas de pino verde.

*

Su luna de pergamino
Preciosa tocando viene.
Al verla se ha levantado
el viento, que nunca duerme.
San Cristobalón desnudo,
lleno de lenguas celestes,
mira a la niña tocando
una dulce gaita ausente.

ZIGEUNERROMANZEN

(1924–1927)

Preciosa und der Wind

Für Dámaso Alonso

Ihren Pergamentmond schlagend
kommt Preciosa daher
auf einem amphibischen Pfad
aus Kristall und Lorbeer.
Die sternenlose Stille
flieht vor dem Getrommel
dorthin, wo das Meer schlägt
und seine Nacht voller Fische besingt.
Auf den Gipfeln der Sierra
schlafen die Grenzerposten
und bewachen die weißen Türme,
worin die Engländer wohnen.
Und die Zigeuner am Wasser
bauen zum Zeitvertreib
Lauben aus Schneckenhäusern
und grünem Piniengezweig.

*

Ihren Pergamentmond schlagend
kommt Preciosa daher.
Als er sie sah, stand er auf,
der Wind, der niemals schläft.
Christophorus, der nackte Koloss
mit himmelblauen Zungen,
besieht das Mädchen und bläst
eine süße, ferne Schalmei.

– Niña, deja que levante
tu vestido para verte.
Abre en mis dedos antiguos
la rosa azul de tu vientre.

Preciosa tira el pandero
y corre sin detenerse.
El viento-hombrón la persigue
con una espada caliente.

Frunce su rumor el mar.
Los olivos palidecen.
Cantan las flautas de umbría
y el liso gong de la nieve.

¡Preciosa, corre, Preciosa,
que te coge el viento verde!
¡Preciosa, corre, Preciosa!
¡Míralo por dónde viene!
Sátiro de estrellas bajas
con sus lenguas relucientes.

*

Preciosa, llena de miedo,
entra en la casa que tiene
más arriba de los pinos,
el cónsul de los ingleses.

Asustados por los gritos
tres carabineros vienen,
sus negras capas ceñidas
y los gorros en las sienes.

– Mädchen, lass dein Kleid
dir lüften, dass ich dich sehe.
Öffne meinen alten Fingern
die blaue Rose deiner Lenden.

Preciosa wirft das Tamburin weg
und rennt ohne Halt davon.
Der Windmann verfolgt sie
mit einem heißen Schwert.

Es wellt sein Rauschen das Meer.
Die Ölbäume erblassen.
Es tönen die Flöten der Schattenseit
und der glatte Gong des Schnees.

Preciosa, lauf, Preciosa!
Sonst hascht dich der geile Wind!
Preciosa, lauf, Preciosa!
Schau, wo er des Weges kommt!
Ein Satyr niederer Sterne
mit seinen glänzenden Zungen.

*

Preciosa, voller Angst,
dringt in das Haus, das oben
über den Pinien der Konsul
der Engländer bewohnt.

Aufgeschreckt von den Schreien
eilen drei Grenzer herbei,
die schwarzen Capas gerafft,
die Mützen tief in der Stirn.

El inglés da a la gitana
un vaso de tibia leche,
y una copa de ginebra
que Preciosa no se bebe.

Y mientras cuenta, llorando,
su aventura a aquella gente,
en las tejas de pizarra
el viento, furioso, muerde.

Romance sonámbulo

A Gloria Giner y
A Fernando de los Ríos

Verde que te quiero verde.
Verde viento. Verdes ramas.
El barco sobre la mar
y el caballo en la montaña.
Con la sombra en la cintura,
ella sueña en su baranda,
verde carne, pelo verde,
con ojos de fría plata.
Verde que te quiero verde.
Bajo la luna gitana,
las cosas la están mirando
y ella no puede mirarlas.

*

Verde que te quiero verde.
Grandes estrellas de escarcha
vienen con el pez de sombra
que abre el camino del alba.

Der Engländer gibt der Zigeunerin
einen Becher lauwarmer Milch,
dazu ein Glas mit Gin,
den Preciosa gar nicht trinkt.

Und derweil sie weinend den Leuten
erzählt, was ihr geschehn,
zerbeißt der Wind vor Zorn
am Dach die schiefernen Ziegel.

Traumwandlerromanze

Für Gloria Giner und
Fernando de los Ríos

Grün, wie ich dich liebe, Grün.
Grüner Wind. Grüne Zweige.
Das Boot fern auf dem Meer
und in den Bergen das Pferd.
Mit Schatten auf den Lenden
träumt sie an ihrem Geländer,
grüne Haut, grünes Haar,
die Augen aus kaltem Silber.
Grün, wie ich dich liebe, Grün.
Unter dem Mond der Zigeuner
blicken die Dinge sie an,
doch sie kann sie nicht sehn.

*

Grün, wie ich dich liebe, Grün.
Große Sterne aus rauem Reif
ziehen mit dem Schattenfisch,
der dem Tag den Weg bereitet.

La higuera frota su viento
con la lija de sus ramas,
y el monte, gato garduño,
eriza sus pitas agrias.
Pero ¿quién vendrá? ¿Y por dónde? ...
Ella sigue en su baranda,
verde carne, pelo verde,
soñando en la mar amarga.

*

– Compadre, quiero cambiar
mi caballo por su casa,
mi montura por su espejo,
mi cuchillo por su manta.
Compadre, vengo sangrando,
desde los puertos de Cabra.
– Si yo pudiera, mocito,
este trato se cerraba.
Pero yo ya no soy yo,
ni mi casa es ya mi casa.
– Compadre, quiero morir
decentemente en mi cama.
De acero, si puede ser,
con las sábanas de holanda.
¿No ves la herida que tengo
desde el pecho a la garganta?
– Trescientas rosas morenas
lleva tu pechera blanca.
Tu sangre rezuma y huele
alrededor de tu faja.
Pero yo ya no soy yo,
ni mi casa es ya mi casa.
– Dejadme subir al menos
hasta las altas barandas,
¡dejadme subir!, dejadme

Der Feigenbaum reibt seinen Wind
mit dem Schmirgel seiner Zweige
und der Wald, geduckter Marder,
sträubt seine Agavenspitzen.
Doch wer kommt da? Und woher? …
Sie noch immer am Geländer,
grüne Haut, grünes Haar,
im Traum das bittere Meer.

*

– Mein Freund, ich tausche
mein Pferdchen für ihr Haus,
mein Reitzeug für ihren Spiegel,
mein Messer für ihre Decke.
Mein Freund, ich komme blutend
weit her von den Cabra-Bergen.
– Wenn ich könnte, mein Junge,
der Handel wäre gemacht.
Doch ich bin nicht mehr ich,
noch ist mein Haus das meine.
– Mein Freund, ich will mit Anstand
im eigenen Bette sterben.
Aus Eisen, wenn immer möglich,
mit Linnen aus Niederland.
Siehst du nicht, wie die Wunde klafft
von der Brust mir bis zur Kehle?
– Dreihundert dunkle Rosen
seh ich auf deiner Hemdenbrust.
Rund um deine Gürtelschärpe
sickert dein Blut und dünstet.
Doch ich bin nicht mehr ich,
noch ist mein Haus das meine.
– Lasst wenigstens mich hinauf
zu den hohen Geländern,
lasst mich hinauf! Lasst mich

hasta las verdes barandas.
Barandales de la luna
por donde retumba el agua.

*

Ya suben los dos compadres
hacia las altas barandas.
Dejando un rastro de sangre.
Dejando un rastro de lágrimas.
Temblaban en los tejados
farolillos de hojalata.
Mil panderos de cristal
herían la madrugada.

*

Verde que te quiero verde,
verde viento, verdes ramas.
Los dos compadres subieron.
El largo viento, dejaba
en la boca un raro gusto
de hiel, de menta y de albahaca.
– ¡Compadre! ¿Dónde está, dime,
dónde está tu niña amarga?
– ¡Cuántas veces te esperó!
¡Cuántas veces te esperara,
cara fresca, negro pelo,
en esta verde baranda!

*

Sobre el rostro del aljibe
se mecía la gitana.
Verde carne, pelo verde,
con ojos de fría plata.
Un carámbano de luna
la sostiene sobre el agua.
La noche se puso íntima

bis zu den grünen Geländern.
Gesimse des Mondes,
auf denen das Wasser trommelt.

*

Schon steigen die beiden Freunde
hinauf zu den hohen Geländern.
Dahinter eine Spur aus Blut.
Dahinter eine Spur aus Tränen.
Auf den Dächern flackerten
kleine Blechlaternen.
Tausend Glastamburine
verwundeten den Morgen.

*

Grün, wie ich dich liebe, Grün.
Grüner Wind. Grüne Zweige.
Die beiden Freunde steigen.
Der weite Wind hinterließ
im Mund einen Geschmack
nach Galle, Minze und Basilie.
– Mein Freund! Wo ist sie, sag,
wo ist dein herbes Mädchen?
– Wie oft hat sie dich erwartet!
So oft hatte sie dich erwartet,
frisch das Gesicht, schwarz das Haar,
an diesem grünen Geländer!

*

Auf dem Antlitz der Zisterne
wiegt sich die Zigeunerin.
Grüne Haut, grünes Haar,
die Augen aus kaltem Silber.
Ein Zapfen eisigen Mondlichts
hält sie über Wasser.
Die Nacht war nun ganz traulich,

como una pequeña plaza.
Guardias civiles borrachos
en la puerta golpeaban.
Verde que te quiero verde.
Verde viento. Verdes ramas.
El barco sobre la mar.
Y el caballo en la montaña.

La casada infiel

A Lydia Cabrera
y a su negrita

Y que yo me la llevé al río
creyendo que era mozuela,
pero tenía marido.

Fue la noche de Santiago
y casi por compromiso.
Se apagaron los faroles
y se encendieron los grillos.
En las últimas esquinas
toqué sus pechos dormidos,
y se me abrieron de pronto
como ramos de jacintos.
El almidón de su enagua
me sonaba en el oído,
como una pieza de seda
rasgada por diez cuchillos.
Sin luz de plata en sus copas
los árboles han crecido
y un horizonte de perros
ladra muy lejos del río.

*

wie ein kleiner Platz.
Betrunkene Gendarmen
polterten an die Tür.
Grün, wie ich dich liebe, Grün.
Grüner Wind. Grüne Zweige.
Das Boot fern auf dem Meer
und in den Bergen das Pferd.

Die untreue Frau

Für Lydia Cabrera
und ihre kleine Schwarze

Und ich nahm sie mit zum Fluss,
im Glauben, sie sei noch ledig,
doch sie hatte einen Mann.

Es war die Nacht auf Sankt Jakob,
und war wie ein Stelldichein.
Es erloschen die Laternen,
und schon entflammten die Grillen.
Bei den letzten Häuserecken
fasst ich ihr an die Brüste,
die gleich aus dem Schlaf erblühten
wie zwei Hyazinthensträuße.
Ihr gestärkter Unterrock
tönte mir im Ohr so scharf
wie wenn zehn Messer kratzen
über ein Stück roher Seide.
Ohne das Silberlicht in den Kronen
waren die Bäume gewachsen,
und ein Horizont von Hunden
bellte weitab vom Fluss.

*

Pasadas las zarzamoras,
los juncos y los espinos,
bajo su mata de pelo
hice un hoyo sobre el limo.
Yo me quité la corbata.
Ella se quitó el vestido.
Yo el cinturón con revólver.
Ella sus cuatro corpiños.
Ni nardos ni caracolas
tienen el cutis tan fino,
ni los cristales con luna
relumbran con ese brillo.
Sus muslos se me escapaban
como peces sorprendidos,
la mitad llenos de lumbre,
la mitad llenos de frío.
Aquella noche corrí
el mejor de los caminos,
montado en potra de nácar
sin bridas y sin estribos.
No quiero decir, por hombre,
las cosas que ella me dijo.
La luz del entendimiento
me hace ser muy comedido.
Sucia de besos y arena
yo me la llevé del río.
Con el aire se batían
las espadas de los lirios.

Me porté como quien soy.
Como un gitano legítimo.
Le regalé un costurero
grande, de raso pajizo,
y no quise enamorarme
porque, teniendo marido,
me dijo que era mozuela
cuando la llevaba al río.

Hinter den Brombeerranken,
den Binsen und dem Weißdorn
machte ich ihr unter dem Haar
eine Grube in den Sand.
Ich zog das Halstuch aus.
Sie dann sogleich ihr Kleid.
Ich den Gurt mit dem Revolver.
Sie dann die vier Leibchen.
Nicht Hyazinthen und nicht Blütenmuscheln
haben solche feine Haut,
selbst Kristalle unter Mondlicht
schimmern nicht mit solchem Glanz.
Ihre Schenkel schlüpften mir
weg wie gescheuchte Fische,
halbwegs voller Feuerhitze,
halbwegs wieder voll Frost.
Ich durchritt in jener Nacht
wohl den schönsten aller Wege
auf einem Fohlen aus Perlmutt
ohne Zügel, ohne Bügel.
Ich mag als Ehrenmann nicht sagen,
was sie mir noch zugeflüstert.
Seh ich mit Verstand die Sache,
muss ich doch bescheiden bleiben.
Verklebt von Sand und Küssen
führt ich sie fort vom Fluss.
Es fochten mit dem Wind
der Lilien schlanke Schwerter.

Ich benahm mich wie ich bin,
wie ein rechter Zigeuner.
Ich schenkte ihr ein Nähzeug,
prächtig, aus gelber Seide,
doch verlieben wollt ich mich nicht,
denn, wiewohl sie schon mit Mann,
sagte sie, sie sei noch ledig,
als ich sie mit zum Fluss nahm.

Muerto de amor

A Margarita Manso

– ¿Qué es aquello que reluce
por los altos corredores?
– Cierra la puerta, hijo mío,
acaban de dar las once.
– En mis ojos, sin querer,
relumbran cuatro faroles.
– Será que la gente aquella
estará fregando el cobre.

*

Ajo de agónica plata
la luna menguante, pone
cabelleras amarillas
a las amarillas torres.
La noche llama temblando
al cristal de los balcones
perseguida por los mil
perros que no la conocen,
y un olor de vino y ámbar
viene de los corredores.

*

Brisas de caña mojada
y rumor de viejas voces
resonaban por el arco
roto de la media noche.
Bueyes y rosas dormían.
Sólo por los corredores
las cuatro luces clamaban
con el furor de San Jorge.
Tristes mujeres del valle
bajaban su sangre de hombre,

An Liebe gestorben

Für Margarita Manso

– Was leuchtet bloß da
in den Laubengängen oben?
– Mach die Tür zu, mein Sohn,
es hat eben elf geschlagen.
– In meinen Augen, wie von selber,
leuchten vier Laternen.
– Jenes Völklein da oben
wird wohl das Kupfer reiben.

*

Einer Zinke siechen Silbers
gleicht der schwindende Mond,
er krönt mit gelbem Haarschopf
die ebenso gelben Türme.
Die Nacht pocht zitternd
an die Scheiben der Balkone,
gehetzt von den tausend Hunden,
die sie nicht erkennen,
und ein Geruch nach Wein und Amber
fällt von den Laubengängen.

*

Winde aus feuchtem Schilfrohr
und das Raunen alter Stimmen
tönten durch den gebrochenen
Bogen dieser Mitternacht.
Ochsen und Rosen schliefen.
Allein in den Laubengängen
flehten die vier Laternen
mit dem Zorn eines Sankt Georg.
Traurige Frauen im Tal
entließen ihr Menschenblut,

tranquila de flor cortada
y amarga de muslo joven.
Viejas mujeres del río
lloraban al pie del monte,
un minuto intransitable
de cabelleras y nombres.
Fachadas de cal ponían
cuadrada y blanca la noche.
Serafines y gitanos
tocaban acordeones.
– Madre, cuando yo me muera
que se enteren los señores.
Pon telegramas azules
que vayan del Sur al Norte.
Siete gritos, siete sangres,
siete adormideras dobles
quebraron opacas lunas
en los oscuros salones.
Lleno de manos cortadas
y coronitas de flores,
el mar de los juramentos
resonaba, no sé dónde.
Y el cielo daba portazos
al brusco rumor del bosque,
mientras clamaban las luces
en los altos corredores.

die geknickten Blumen gelassen,
die jungen Schenkel noch bitter.
Alte Weiber am Flusse
klagten am Fuß des Berges,
für eine unbegehbare Minute
um Erinnerungshaar und um Namen.
Gekalkte Fassaden machten
die Nacht zu weißen Quadraten.
Seraphine und Zigeuner
spielten Akkordeon.
– Mutter, wenn ich dann sterbe,
sollen es die Gutsherren wissen.
Verschick blaue Depeschen
aus dem Süden in den Norden.
   Sieben Schreie, sieben aus Blut,
sieben doppelte Schlafmohne
zerbrachen blinde Scheiben
in den dunklen Räumen.
Voller abgehackter Hände,
voller Kränzchen mit Blumen
schwoll das Meer der Verwünschungen,
ich weiß nicht, woher.
Und der Himmel knallte die Türen
zum plötzlichen Brausen der Wälder,
und noch immer flehten die Lichter
aus den hohen Laubengängen.

Romance de la Guardia Civil española

A Juan Guerrero.
Cónsul general de la poesía

Los caballos negros son.
Las herraduras son negras.
Sobre las capas relucen
manchas de tinta y de cera.
Tienen, por eso no lloran,
de plomo las calaveras.
Con el alma de charol
vienen por la carretera.
Jorobados y nocturnos,
por donde animan ordenan
silencios de goma oscura
y miedos de fina arena.
Pasan, si quieren pasar,
y ocultan en la cabeza
una vaga astronomía
de pistolas inconcretas.

*

¡Oh ciudad de los gitanos!
En las esquinas banderas.
La luna y la calabaza
con las guindas en conserva.
¡Oh ciudad de los gitanos!
¿Quién te vio y no te recuerda?
Ciudad de dolor y almizcle,
con las torres de canela.

*

Romanze von der spanischen Guardia Civil

Für Juan Guerrero,
Generalkonsul der Poesie

Schwarz sind die Pferde.
Auch die Hufeisen schwarz.
Auf den Mänteln glänzen
Flecken von Tinte und Wachs.
Sie können alle nicht weinen
mit den Schädeldecken aus Blei.
Mit ihrer Seele unter Lack
kommen sie die Straße lang.
Bucklig und voller Nacht,
wo sie sind, da gebieten sie
Schweigen aus dunklem Gummi
und Ängste aus feinem Sand.
Sie kommen durch, wenn sie wollen,
und verbergen in ihrem Kopf
eine vage Astronomie
von abstrakten Pistolen.

*

O du Städtchen der Zigeuner!
An allen Ecken Fähnchen.
Der Mond und der Kürbis
mit eingemachten Kirschen.
O du Städtchen der Zigeuner!
Wer dich sah kann nicht vergessen.
Stadt aus Schmerzen und Moschus,
mit den Türmen aus Zimt.

*

Cuando llegaba la noche,
noche que noche nochera,
los gitanos en sus fraguas
forjaban soles y flechas.
Un caballo malherido
llamaba a todas las puertas.
Gallos de vidrio cantaban
por Jerez de la Frontera.
El viento vuelve desnudo
la esquina de la sorpresa,
en la noche platinoche,
noche que noche nochera.

*

La Virgen y San José
perdieron sus castañuelas,
y buscan a los gitanos
para ver si las encuentran.
La Virgen viene vestida
con un traje de alcaldesa
de papel de chocolate
con los collares de almendras.
San José mueve los brazos
bajo una capa de seda.
Detrás va Pedro Domecq
con tres sultanes de Persia.
La media luna soñaba
un éxtasis de cigüeña.
Estandartes y faroles
invaden las azoteas.
Por los espejos sollozan
bailarinas sin caderas.
Agua y sombra, sombra y agua
por Jerez de la Frontera.

*

Als die Nacht herankam,
die schwärzeste aller Nächte,
schmiedeten die Zigeuner
in den Essen Sonnen und Pfeile.
Ein schwer verwundetes Pferd
schlug gegen sämtliche Türen.
Gläserne Hähne krähten
in Jerez de la Frontera.
Der Wind wirbelte nackt
um die Ecke der Überraschung,
in der Nacht, der Silbernacht,
der schwärzesten aller Nächte.

*

Die Jungfrau und ihr Joseph
vermissen die Kastagnetten
und holen die Zigeuner,
damit sie sie wiederfinden.
Die Jungfrau kommt gekleidet
wie eine Bürgermeisterin,
in Schokoladenpapier,
die Halsketten aus Mandeln.
Sankt Joseph winkt mit den Armen
unter dem seidenen Umhang.
Dahinter kommt Pedro Domecq
mit drei Sultanen aus Persien.
Der halbe Mond erträumte
eine Verzückung von Störchen.
Standarten und Laternen
drängen auf die Terrassen.
Vor den Spiegeln schluchzen
Tänzerinnen ohne Hüften.
Wasserschatten, Schattenwasser
um Jerez de la Frontera.

*

¡Oh ciudad de los gitanos!
En las esquinas banderas.
Apaga tus verdes luces
que viene la benemérita.
¡Oh ciudad de los gitanos!
¿Quién te vio y no te recuerda?
Dejadla lejos del mar
sin peines para sus crenchas.

*

Avanzan de dos en fondo
a la ciudad de la fiesta.
Un rumor de siemprevivas,
invade las cartucheras.
Avanzan de dos en fondo.
Doble nocturno de tela.
El cielo, se les antoja,
una vitrina de espuelas.

*

La ciudad libre de miedo,
multiplicaba sus puertas.
Cuarenta guardias civiles
entran a saco por ellas.
Los relojes se pararon,
y el coñac de las botellas
se disfrazó de noviembre
para no infundir sospechas.
Un vuelo de gritos largos
se levantó en las veletas.
Los sables cortan las brisas
que los cascos atropellan.
Por las calles de penumbra
huyen las gitanas viejas
con los caballos dormidos

O du Städtchen der Zigeuner!
An allen Ecken Fähnchen.
Lösch deine grünen Lichter,
denn es kommen die Gardisten.
O du Städtchen der Zigeuner!
Wer dich sah, kann nicht vergessen.
Es soll bleiben, fern vom Meer,
ohne Kamm für seinen Scheitel.

*

Sie rücken in Zweierkolonne
vor zur festlichen Stadt.
Ein Rasseln von Immortellen
befällt die Patronengurte.
Sie reiten in Zweierkolonne.
Zweifaches Nachtstück aus Tuch.
Den Himmel, den sehen sie nur
als Vitrine voller Sporen.

*

Das Städtchen, bar jeder Angst,
vervielfachte seine Türen.
Vierzig Zivilgardisten
dringen plündernd hinein.
Die Uhren blieben stehn,
und der Cognac in den Flaschen
tarnte sich als November,
um keinen Verdacht zu wecken.
Zu den Windfahnen erhob sich
ein Schwarm gedehnter Schreie.
Die Säbel durchschneiden die Brisen,
die von den Hufen zerstampft.
Durch die Straßen voller Schatten
alte Zigeunerinnen auf der Flucht
mit den schläfrigen Pferden

y las orzas de monedas.
Por las calles empinadas
suben las capas siniestras,
dejando detrás fugaces
remolinos de tijeras.

En el Portal de Belén
los gitanos se congregan.
San José, lleno de heridas,
amortaja a una doncella.
Tercos fusiles agudos
por toda la noche suenan.
La Virgen cura a los niños
con salivilla de estrella.
Pero la Guardia Civil
avanza sembrando hogueras,
donde joven y desnuda
la imaginación se quema.
Rosa la de los Camborios,
gime sentada en su puerta
con sus dos pechos cortados
puestos en una bandeja.
Y otras muchachas corrían
perseguidas por sus trenzas,
en un aire donde estallan
rosas de pólvora negra.
Cuando todos los tejados
eran surcos en la tierra,
el alba meció sus hombros
en largo perfil de piedra.

*

¡Oh ciudad de los gitanos!
La Guardia Civil se aleja
por un túnel de silencio
mientras las llamas te cercan.

und den Töpfen voller Münzen.
Die steilen Gassen hoch
dringen die düsteren Mäntel,
hinter sich lassend flüchtige
Wirbel offener Scheren.

Rund um das Bethlehemtor
scharen sich die Zigeuner.
Sankt Joseph, voller Wunden,
bettet ein Mädchen in Laken.
Sture, scharfe Gewehre
durchknallen die ganze Nacht.
Die Jungfrau pflegt die Kinder
mit mildem Sternenspeichel.
Doch die Landgendarmerie
dringt vor, sät Scheiterhaufen,
wo jung und ohne Hülle
die Phantasie verbrennt.
Rosa, die von den Camborios,
sitzt stöhnend vor der Tür,
die amputierten Brüste
vor sich auf einem Tablett.
Und andere Mädchen rannten,
die Zöpfe hinterher,
in einer Luft, wo Rosen
schwarzen Pulvers knallen.
Als dann alle Dächer
nur mehr Furchen waren im Boden,
wiegte der Morgen die Schultern,
ein Scherenschnitt aus Stein.

*

O Städtchen du der Zigeuner!
Die Guardia Civil zieht ab
durch einen Tunnel des Schweigens,
und dich umzingeln die Flammen.

¡Oh ciudad de los gitanos!
¿Quién te vio y no te recuerda?
Que te busquen en mi frente.
Juego de luna y arena.

O Städtchen du der Zigeuner!
Wer dich sah, kann nicht vergessen.
Man suche dich auf meiner Stirn.
Ein Spiel aus Mond und Sand.

ODAS

(1926–1928)

Oda al Santísimo Sacramento del Altar

[Exposición]

Mundo

Agnus Dei qui tollis peccata
mundi. Miserere nobis.

Noche de los tejados y la planta del pie,
silbaba por los ojos secos de las palomas.
Alga y cristal en fuga ponen plata mojada
los hombros de cemento de todas las ciudades.

La gillete descansaba sobre los tocadores
con su afán impaciente de cuello seccionado.
En la casa del muerto, los niños perseguían
una sierpe de arena por el rincón oscuro.

Escribientes dormidos en el piso catorce.
Ramera con los senos de cristal arañado.
Cables y media luna con temblores de insecto.
Bares sin gente. Gritos. Cabezas por el agua.

Para el asesinato del ruiseñor, venían
tres mil hombres armados de lucientes cuchillos.
Viejas y sacerdotes lloraban resistiendo
una lluvia de lenguas y hormigas voladoras.

Noche de rostro blanco. Nula noche sin rostro.
Bajo el Sol y la Luna. Triste noche del Mundo.

ODEN

(1926–1928)

Ode an das Allerheiligste Sakrament des Altars

[Expositio]

Welt

Agnus Dei qui tollis peccata
mundi. Miserere nobis.

Nacht von den Dächern bis zur Fußsohle
pfiff über die trockenen Augen der Tauben.
Alge und flüchtiges Kristall färben zu nassem Silber
die zementenen Schultern sämtlicher Städte.

Die Gillette entmüdete sich auf den Schminktischen
mit ihrer drängenden Gier nach durchtrenntem Hals.
Im Haus des Verstorbenen rannten die Kinder
einer Sandschlange nach in den dunkelsten Winkel.

Schlafende Schreiber auf Etage vierzehn.
Eine Nutte mit Brüsten aus zerkratztem Glas.
Kabel und Halbmond zitternd wie Insekten.
Kneipen ohne Leute. Schreie. Köpfe im Wasser.

Die Nachtigall zu ermorden kamen
dreitausend Mann mit blitzenden Messern.
Alte Weiber und Priester weinten und wehrten
einen Regen von Zungen und Flugameisen ab.

Nacht weißen Antlitzes. Keine Nacht ohne Antlitz.
Tief stehen Sonne und Mond. Traurige Weltnacht.

Dos mitades opuestas y un hombre que no sabe
cuándo su mariposa dejará los relojes.

Debajo de las alas del dragón hay un niño.
Caballitos de cadmio por la estrella sin sangre.
El unicornio quiere lo que la rosa olvida,
y el pájaro pretende lo que las aguas vedan.

Sólo tu Sacramento de luz en equilibrio,
aquietaba la angustia del amor desligado.
Sólo tu Sacramento, manómetro que salva
corazones lanzados a quinientos por hora.

Porque tu signo es clave de llanura celeste
donde naipe y herida se entrelazan cantando,
donde la luz desboca su toro relumbrante
y se afirma el aroma de la rosa templada.

Porque tu signo expresa la brisa y el gusano.
Punto de unión y cita del siglo y el minuto.
Orbe claro de muertos y hormiguero de vivos
con el hombre de nieves y el negro de la llama.

Mundo, ya tienes meta para tu desamparo.
Para tu horror perenne de agujero sin fondo.
¡Oh Cordero cautivo de tres voces iguales!
¡Sacramento inmutable de amor y disciplina!

[Demonio]

[Carne]

Zwei opponierte Hälften und ein Mensch, der nicht weiß,
wann sein Falter den Uhren entkommen wird.

Die Flügel des Drachen verbergen ein Kind.
Pferdchen aus Zinkerz auf dem blutleeren Stern.
Das Einhorn möchte, was die Rose vergisst,
und der Vogel begehrt, was das Wasser verwehrt.

Allein dein Sakrament aus gleichgewichtigem Licht
beschwichtigte die Verzagtheit entflohener Liebe.
Allein dein Sakrament, Manometer, das Herzen
rettet, die rasen mit fünfhundert die Stunde.

Denn dein Zeichen ist Schlüssel zur Himmelsebene,
wo Spielkarte und Wunde sich singend verbinden,
wo das Licht seinen gleißenden Stier loslässt
und sich der Duft der beruhigten Rose bestätigt.

Denn dein Zeichen bedeutet Brise wie Wurm.
Treff und Stelldichein von Jahrhundert und Minute.
Hehrer Erdkreis von Toten und Gewimmel von Lebenden,
mit dem Schneemenschen und dem Flammenneger.

Welt, da hast du ein Ziel in deiner Hilflosigkeit.
In deinem steten Grauen vor dem Schlund ohne Grund.
Lamm, in drei ebenbürtige Wörter gefasst!
Unwandelbares Sakrament der Liebe und der Zucht!

[Dämon]

[Fleisch]

POETA EN NUEVA YORK

(1929/1930)

Para Bébé y Carlos Morla

Norma y paraíso de los negros

Para Ángel del Río

Odian la sombra del pájaro
sobre el pleamar de la blanca mejilla
y el conflicto de luz y viento
en el salón de la nieve fría.

Odian la flecha sin cuerpo,
el pañuelo exacto de la despedida,
la aguja que mantiene presión y rosa
en el gramíneo rubor de la sonrisa.

Aman el azul desierto,
las vacilantes expresiones bovinas,
la mentirosa luna de los polos,
la danza curva del agua en la orilla.

Con la ciencia del tronco y el rastro
llenan de nervios luminosos la arcilla
y patinan lúbricos por aguas y arenas
gustando la amarga frescura de su milenaria saliva.

Es por el azul crujiente,
azul sin un gusano ni una huella dormida,
donde los huevos de avestruz quedan eternos
y deambulan intactas las lluvias bailarinas.

DICHTER IN NEW YORK

(1929/1930)

Für Bébé und Carlos Morla

Alltag und Paradies der Schwarzen

Für Ángel del Río

Sie hassen den Schatten des Vogels
auf der Hochflut der weißen Wange
und den Zwist zwischen Licht und Wind
im Salon des kalten Schnees.

Sie hassen den Pfeil ohne Körper,
das pünktliche Tüchlein zum Abschied,
den Zeiger, der Druck und Rosa konstant hält
in der rötlichen Grasnarbe des Lächelns.

Sie lieben das einsame Blau,
die schwankenden Mienen der Rinder,
den Lügenmond der Pole,
den Bogentanz des Wassers am Ufer.

Im Wissen um Pflugsterz und Furche
durchziehn sie mit leuchtenden Strängen den Lehm
und gleiten schlüpfrig durch Wasser und Sand,
kostend die bittere Frische ihres uralten Speichels.

In dem knisternden Blau ist's,
Blau ohne Wurm, ohne schlafende Spur,
wo die Straußeneier sich ewig halten
und unversehrt wandeln die tanzenden Regen.

Es por el azul sin historia,
azul de una noche sin temor de día,
azul donde el desnudo del viento va quebrando
los camellos sonámbulos de las nubes vacías.

Es allí donde sueñan los torsos bajo la gula de la
hierba.
Allí los corales empapan la desesperación de la tinta,
los durmientes borran sus perfiles bajo la madeja de
los caracoles
y queda el hueco de la danza sobre las últimas cenizas.

Danza de la muerte

El mascarón. Mirad el mascarón
cómo viene del África a New York.

Se fueron los árboles de la pimienta,
los pequeños botones de fósforo.
Se fueron los camellos de carne desgarrada
y los valles de luz que el cisne levantaba con el pico.

Era el momento de las cosas secas:
de la espiga en el ojo y el gato laminado;
del óxido de hierro de los grandes puentes
y el definitivo silencio del corcho.

Era la gran reunión de los animales muertos
traspasados por las espadas de la luz.

In dem geschichtslosen Blau ist's,
Blau einer Nacht ohne Angst vor dem Tag,
Blau, wo die Blöße des Windes zerzaust
die schlafwandelnden Kamele der leeren Wolken.

Dort träumen die Leiber unter dem gierigen Gras.
Dort saugen Korallen der Tinte Verzweiflung auf,
verwischen die Schlafenden ihr Profil unter den
Schlieren der Schnecken,
und es bleibt die Fußspur des Tanzes in der letzten
Asche.

Totentanz

Die Maskenfratze. Seht her die Maskenfratze,
wie sie kommt aus Afrika nach New York.

Verschwunden sind die Pfefferbäume,
die kleinen Knospen aus Phosphor.
Verschwunden sind die Kamele mit geschlissenem
Fleisch
und die Lichtschneisen, die der Schwan mit dem
Schnabel aufwarf.

Es war der Moment der dürren Dinge;
des Dorns im Auge und der plattgewalzten
Katze;
des Eisenoxids an den großen Brücken
und des endgültig verstummten Korks.

Es war die große Versammlung der toten Tiere,
durchbohrt von den Klingen des Lichts.

La alegría eterna del hipopótamo con las pezuñas de ceniza
y de la gacela con una siempreviva en la garganta.

En la marchita soledad sin onda
el abollado mascarón danzaba.
Medio lado del mundo era de arena,
mercurio y sol dormido el otro medio.

El mascarón. ¡Mirad el mascarón!
Arena, caimán y miedo sobre Nueva York.

Desfiladeros de cal aprisionaban un cielo vacío
donde sonaban las voces de los que mueren bajo el guano.
Un cielo mondado y puro, idéntico a sí mismo,
con el bozo y lirio agudo de sus montañas invisibles,

acabó con los más leves tallitos del canto
y se fue al diluvio empaquetado de la savia,
a través del descanso de los últimos perfiles
levantando con el rabo pedazos de espejo.

Cuando el chino lloraba en el tejado
sin encontrar el desnudo de su mujer,
y el director del banco observaba el manómetro
que mide el cruel silencio de la moneda,
el mascarón llegaba a Wall Street.

No es extraño para la danza
este columbario que pone los ojos amarillos.
De la esfinge a la caja de caudales hay un hilo tenso
que atraviesa el corazón de todos los niños pobres.

Der andauernde Frohmut des Flusspferds mit den
Aschehufen
und der Gazelle mit dem Immergrün im Hals.

In der welken Einsamkeit ohne Seegang
tanzte die verbeulte Maskenfratze.
Die eine Hälfte der Erde war Sand,
Quecksilber und entschlafene Sonne die andre.

Die Maskenfratze. Seht her die Maskenfratze!
Sand, Kaiman und Angst über New York.

Klippen aus Kalk hielten einen leeren Himmel
gefangen,
wo die Stimmen ertönten der unter dem Guano
Sterbenden.
Ein blanker, reiner Himmel, sich selber gleich,
mit dem Flaum, der spitzen Lilie seiner unsichtbaren
Berge,

brachte die zartesten Sprossen des Gesangs um
und ging hin zur verpackten Sintflut des Saftes,
durch die Lücke der letzten Profile,
mit dem Schweif Spiegelscherben aufwirbelnd.

Als der Chinese auf dem Dach oben weinte,
ohne den Akt seiner Frau zu finden,
und der Bankdirektor auf das Manometer starrte,
das das grausame Schweigen des Geldes misst,
gelangte die Maskenfratze in die Wall Street.

Ganz und gar nicht unpassend für den Tanz
ist diese Urnenhalle, die gelbe Augen kriegt.
Von der Sphinx zum Kassenschrank läuft ein
gespannter Draht
quer durch das Herz aller armen Kinder.

El ímpetu primitivo baila con el ímpetu mecánico
ignorantes en su frenesí de la luz original.
Porque si la rueda olvida su fórmula
ya puede cantar desnuda con las manadas de caballos;
y si una llama quema los helados proyectos
el cielo tendrá que huir ante el tumulto de las ventanas.

No es extraño este sitio para la danza. Yo lo digo.
El mascarón bailará entre columnas de sangre y de números,
entre huracanes de oro y gemidos de obreros parados
que aullarán, noche oscura, por tu tiempo sin luces.
¡Oh salvaje Norteamérica, oh impúdica! ¡Oh salvaje!
Tendida en la frontera de la nieve.

El mascarón. ¡Mirad el mascarón!
¡Qué ola de fango y luciérnagas sobre Nueva York!

*

Yo estaba en la terraza luchando con la luna.
Enjambres de ventanas acribillaban un muslo de la noche.
En mis ojos bebían las dulces vacas de los cielos
y las brisas de largos remos
golpeaban los cenicientos cristales de Broadway.

La gota de sangre buscaba la luz de la yema del astro
para fingir una muerta semilla de manzana.
El aire de la llanura empujado por los pastores
temblaba con un miedo de molusco sin concha.

Das primitive Ungestüm tanzt mit dem mechanischen Ungestüm,
und in ihrem Toben wissen beide nichts vom Urlicht.
Denn sobald das Rad seine Formel vergisst,
kann es nackt mit den Pferderudeln singen;
und sobald eine Flamme die gefrorenen Pläne versengt,
muss der Himmel vor dem Tumult der Fenster fliehen.

Gar nicht unpassend für den Tanz ist dieser Ort. Das sage ich.
Die Maskenfratze wird tanzen zwischen Blut- und Zahlenkolonnen,
zwischen Goldorkanen und dem Gestöhn der Arbeitslosen,
die heulen werden in dunkler Nacht ob ihrer Zeit ohne Licht.
O rohes Nordamerika, du schamloses! O Rohling!
Hingestreckt an der Grenze zum Schnee.

Die Maskenfratze. Seht her die Maskenfratze!
Welch eine Woge von Leuchtkäfern und Schlamm über New York!

*

Ich stand auf der Zinne und rang mit dem Mond.
Schwärme von Fenstern überfielen einen Schenkel der Nacht.
Aus meinen Augen tranken die sanften Himmelskühe
und die Brisen schlugen mit langen Rudern
gegen die aschigen Scheiben des Broadway.

Der Blutstropfen suchte das Licht des Sternendotters,
damit er aussähe wie ein toter Apfelkern.
Der Wind aus der Prärie, von den Hirten gedrängt,
zitterte vor Angst wie ein Weichtier ohne Schale.

Pero no son los muertos los que bailan.
Estoy seguro.
Los muertos están embebidos devorando sus propias manos.
Son los otros los que bailan con el mascarón y su vihuela.
Son los otros, los borrachos de plata, los hombres fríos,
los que duermen en el cruce de los muslos y llamas duras,
los que buscan la lombriz en el paisaje de las escaleras,
los que beben en el banco lágrimas de niña muerta
o los que comen por las esquinas diminutas pirámides del alba.

¡Que no baile el Papa!
¡No, que no baile el Papa!
Ni el Rey;
ni el millonario de dientes azules,
ni las bailarinas secas de las catedrales,
ni constructores, ni esmeraldas, ni locos, ni sodomitas.
Sólo este mascarón.
Este mascarón de vieja escarlatina.
¡Sólo este mascarón!

Que ya las cobras silbarán por los últimos pisos.
Que ya las ortigas estremecerán patios y terrazas.
Que ya la Bolsa será una pirámide de musgo.
Que ya vendrán lianas después de los fusiles
y muy pronto, muy pronto, muy pronto.
¡Ay, Wall Street!

Doch es sind nicht die Toten, die tanzen.
Da bin ich mir sicher.
Die Toten sind vertieft in den Fraß der eigenen Hände.
Es sind die anderen, die zur Leier der Maskenfratze tanzen.
Es sind die anderen, die Geldtrunkenen, die kalten Menschen,
die im Kreuz der Schenkel und in harten Flammen schlafen,
die den Wurm in der Treppenlandschaft suchen,
die in den Bankhäusern Tränen toter Mädchen trinken
oder an den Straßenecken kleine Morgenpyramiden verzehren.

Der Papst soll nicht tanzen!
Nein, der Papst soll nicht tanzen!
Auch der König nicht;
noch der Millionär mit den blauen Zähnen,
noch die dürren Tänzerinnen in den Kathedralen,
noch die Bauherren, die Smaragde, die Irren, die Sodomiten.
Nur diese Maskenfratze,
diese Maskenfratze aus altem Scharlach.
Nur diese Maskenfratze!

Denn bald werden die Schlangen auf den obersten Etagen zischen.
Denn bald werden die Nesseln die Höfe und die Zinnen schrecken.
Denn bald wird die Börse eine Pyramide sein aus Moos.
Denn bald folgen auf die Gewehre Lianen,
und dies sehr bald, sehr bald, sehr bald.
Ach, Wall Street!

El mascarón. ¡Mirad el mascarón!
¡Cómo escupe veneno de bosque
por la angustia imperfecta de Nueva York!

Niña ahogada en el pozo

(Granada y Newburg)

Las estatuas sufren con los ojos por la oscuridad de los ataúdes,
pero sufren mucho más por el agua que no desemboca.
... que no desemboca.

El pueblo corría por las almenas rompiendo las cañas de los pescadores.
¡Pronto! ¡Los bordes! ¡Deprisa! Y croaban las estrellas tiernas.
... que no desemboca.

Tranquila en mi recuerdo, astro, círculo, meta,
lloras por las orillas de un ojo de caballo.
... que no desemboca.

Pero nadie en lo oscuro podrá darte distancias,
sino afilado límite: porvenir de diamante.
... que no desemboca.

Mientras la gente busca silencios de almohada
tú lates para siempre definida en tu anillo.
... que no desemboca.

Die Maskenfratze. Seht her die Maskenfratze!
Wie sie Waldgift spuckt
ob der unvollkommenen Angst in New York!

Im Brunnen ertrunkenes Mädchen

(Granada und Newburgh)

Die Augen der Statuen leiden an der Dunkelheit der Särge,
Doch mehr noch leiden sie am Wasser ohne Mündung.
… ohne Mündung.

Das Volk rannte die Zinnen entlang und knickte den Anglern die Ruten.
Schnell! Die Ränder! Rasch! Und es quakten die zarten Sterne.
… ohne Mündung.

Reglos, in meinem Erinnern, Stern, Kreis, Ziel,
weinst du an den Ufern eines Pferdeauges.
… ohne Mündung.

Niemand aber kann dir im Dunkel Abstand geben,
nur scharfe Grenze: diamantene Zukunft.
… ohne Mündung.

Während die Leute der Kissen Stille suchen,
schlägt dein Puls für immer gefasst in deinem Ring.
… ohne Mündung.

Eterna en los finales de unas ondas que aceptan
combate de raíces y soledad prevista.
... que no desemboca.

¡Ya vienen por las rampas! ¡Levántate del agua!
¡Cada punto de luz te dará una cadena!
... que no desemboca.

Pero el pozo te alarga manecitas de musgo
insospechada ondina de tu propia ignorancia.
... que no desemboca.

No, que no desemboca. Agua fija en un punto,
respirando con todos sus violines sin cuerdas
en la escala de las heridas y los edificios deshabitados.
¡Agua que no desemboca!

Muerte

¡Qué esfuerzo,
qué esfuerzo del caballo
por ser perro!,
¡qué esfuerzo del perro por ser golondrina!,
¡qué esfuerzo de la golondrina por ser abeja!,
¡qué esfuerzo de la abeja por ser caballo!
Y el caballo,
¡qué flecha aguda exprime de la rosa!,
¡qué rosa gris levanta de su belfo!;
y la rosa,
¡qué rebaño de luces y alaridos

Auf ewig du im Ersterben von Wellen, die sich schicken
in das Ringen mit Wurzeln und in erahnte Einsamkeit.
... ohne Mündung.

Schon kommen sie über die Rampen! Steig auf aus dem Wasser!
Jeder Lichtpunkt wird dir eine Kette reichen!
... ohne Mündung.

Doch der Schacht reicht dir moosige Händchen,
dir unvermuteter Undine, die davon nichts weiß.
... ohne Mündung.

Nein, ohne Mündung. Auf einen Punkt gebanntes Wasser,
das atmet mit allen seinen Geigen ohne Saiten
auf der Skala der Wunden und in den unbewohnten Bauten.
Wasser ohne Mündung!

Tod

Dieser Eifer,
dieser Eifer des Pferdes,
Hund zu werden!,
dieser Eifer des Hundes, Schwalbe zu werden!,
dieser Eifer der Schwalbe, Biene zu werden!,
dieser Eifer der Biene, Pferd zu werden!
Und das Pferd,
welch spitzen Pfeil es aus der Rose zieht!,
welch graue Rose es aufwirft mit seiner Lefze!;
und die Rose,
welchen Schwarm von Lichtern und Geschrei

ata en el vivo azúcar de su tronco!;
y el azúcar,
¡qué puñalitos sueña en su vigilia!;
y los puñales diminutos,
¡qué luna sin establos, qué desnudos,
piel eterna y rubor, andan buscando!
Y yo por los aleros,
¡qué serafín de llamas busco y soy!;
pero el arco de yeso,
¡qué grande, qué invisible, qué diminuto!
sin esfuerzo.

Crucifixión

La luna pudo detenerse al fin por la curva blanquísima de los caballos.
Un rayo de luz violenta que se escapaba de la herida
proyectó en el cielo el instante de la circuncisión de un niño muerto.

La sangre bajaba por el monte y los ángeles la buscaban,
pero los cálices eran de viento y al fin llenaban los zapatos.
Cojos perros fumaban sus pipas y un olor de cuero caliente
ponía grises los labios redondos de los que vomitaban en las esquinas.
Y llegaban largos alaridos por el sur de la noche seca.
Era que la luna quemaba con sus bujías el falo de los caballos.
Un sastre especialista en púrpura
había encerrado a las tres santas mujeres

sie eint im Lebenszucker ihres Stamms!
Und der Zucker,
von welchen Dölchlein er träumt, wenn er wacht!;
und die kleinen Dolche,
welchen unbestallten Mond, welche Nackten
sie suchen, unvergängliche Haut und Röte!
Und ich auf den Traufen
suche den Flammenseraph, der ich bin!;
derweil der kreidene Torbogen,
so groß, so unsichtbar, so winzig!
ganz ohne Eifer.

Kreuzigung

Der Mond konnte endlich stillestehn über der
schneeweißen Kurve der Pferde.
Ein heftiger Lichtstrahl, der Wunde entweichend,
projizierte auf den Himmel den Moment der
Beschneidung einer Knabenleiche.

Das Blut rann bergab und die Engel trachteten danach,
doch die Kelche waren aus Wind und so füllte es
schließlich die Schuhe.
Lahmende Hunde rauchten ihre Pfeifen und ein
Gestank nach heißem Leder
färbte den Erbrechenden an den Ecken die gewölbten
Lippen grau.
Und man hörte gedehntes Wiehern aus dem Süden der
trockenen Nacht,
denn der Mond versengte mit seinen Kerzen den
Phallus der Pferde.
Ein auf Purpur spezialisierter Schneider
hatte die drei heiligen Frauen geborgen

y les enseñaba una calavera por los vidrios de la ventana.
Los niños en el arrabal rodeaban a un camello blanco
que lloraba asustado porque al alba
tendría que pasar sin remedio por el ojo de una aguja.
¡Oh cruz! ¡Oh clavos! ¡Oh espina!
¡Oh espina clavada en el hueso hasta que se oxiden los planetas!
Como nadie volvía la cabeza, el cielo pudo desnudarse.
Entonces se oyó la gran voz y los fariseos dijeron:
Esa maldita vaca tiene las tetas llenas de leche.

La muchedumbre cerraba las puertas
y la lluvia bajaba por las calles decidida a mojar el corazón
mientras la tarde se puso turbia de latidos y leñadores
y la oscura ciudad agonizaba bajo el martillo de los carpinteros.
Esa maldita vaca
tiene las tetas llenas de perdigones,
dijeron los fariseos.
Pero la sangre mojó sus pies y los espíritus inmundos
estrellaban ampollas de laguna sobre las paredes del templo.
Se supo el momento preciso de la salvación de nuestra vida
porque la luna lavó con agua
las quemaduras de los caballos
y no la niña viva que callaron en la arena.
Entonces salieron los fríos cantando sus canciones
y las ranas encendieron sus lumbres en la doble orilla del río.

und zeigte ihnen durch die Fenster einen Totenkopf.
Die Kinder im Vorort umstanden ein weißes Kamel,
das vor Schrecken weinte, weil es in der Früh
unweigerlich durch das Nadelöhr musste.
O Kreuz! O Nägel! O Dorn!
O Dorn, in den Knochen gebohrt, bis die Planeten
rosten!
Da keiner sich umsah, konnte der Himmel sich
entblößen.
Dann hörte man die große Stimme und die Pharisäer
sprachen:
Diese verfluchte Kuh trägt das Euter voll Milch.

Die Menge verschloss die Türen
und der Regen floss die Straßen hinab, entschlossen,
das Herz zu befeuchten,
während der Abend sich trübte von Herzschlägen und
Holzfällern
und die dunkle Stadt im Sterben lag unter dem
Hammer der Zimmerleute.
Diese verfluchte Kuh
trägt das Euter voll Schrot,
sprachen die Pharisäer.
Doch das Blut netzte schon ihre Füße und die
ekelerregenden Geister
schmissen Phiolen mit Salzlake an die Tempelwände.
Man erfuhr den genauen Moment der Erlösung
unseres Lebens,
denn der Mond wusch mit Wasser
die Brandmale der Pferde,
und nicht das Mädchen, das man lebend im Sand zum
Schweigen gebracht.
Alsdann traten die Kaltherzigen auf und sangen ihre
Lieder
und die Frösche zündeten ihre Glut an beiden Ufern
des Flusses.

Esa maldita vaca, maldita, maldita, maldita,
no nos dejará dormir, dijeron los fariseos,
y se alejaron a sus casas por el tumulto de la calle,
dando empujones a los borrachos y escupiendo la sal
de los sacrificios
mientras la sangre los seguía con un balido de cordero.

Fue entonces
y la tierra despertó arrojando temblorosos ríos de
polilla.

Grito hacia Roma

(Desde la torre del Chrysler Building)

Manzanas levemente heridas
por finos espadines de plata,
nubes rasgadas por una mano de coral
que lleva en el dorso una almendra de fuego,
peces de arsénico como tiburones,
tiburones como gotas de llanto para cegar una
multitud,
rosas que hieren
y agujas instaladas en los caños de la sangre,
mundos enemigos y amores cubiertos de gusanos,
caerán sobre ti. Caerán sobre la gran cúpula
que unta de aceite las lenguas militares,
donde un hombre se orina en una deslumbrante
paloma
y escupe carbón machacado
rodeado de miles de campanillas.

Diese verfluchte Kuh, verflucht, verflucht, verflucht,
wird uns nicht schlafen lassen, sprachen die Pharisäer
und entfernten sich heimwärts durch den Tumult der Straße,
stießen die Betrunkenen weg und spien das Opfersalz aus,
während das Blut ihnen nachrann mit dem Blöken des Lamms.

Dann geschah es,
und die Erde erwachte und warf wabernde Ströme von Motten aus.

Schrei gegen Rom

(Vom Chrysler Building aus)

Äpfel, leicht verletzt
durch feine, silberne Zierdegen,
Wolken, zerschlissen von einer Korallenhand
mit einer Feuermandel auf dem Rücken,
Fische aus Arsen wie Haie,
Haie wie Tränentropfen für eine Massenblendung,
Rosen, die stechen,
und in die Adern eingelassene Nadeln,
feindliche Welten und schlimm verwurmte Liebeleien,
all dies wird auf dich einstürzen. Einstürzen auf die große Kuppel,
die mit Öl salbt die Zungen der Militärs,
wo ein Mann uriniert über eine blendweiße Taube
und zerstampfte Kohle speit,
umgeben von Messglöckchen zu Tausenden.

Porque ya no hay quien reparta el pan y el vino,
ni quien cultive hierbas en la boca del muerto,
ni quien abra los linos del reposo,
ni quien llore por las heridas de los elefantes.
No hay más que un millón de herreros
forjando cadenas para los niños que han de venir.
No hay más que un millón de carpinteros
que hacen ataúdes sin cruz.
No hay más que un gentío de lamentos
que se abren las ropas en espera de la bala.
El hombre que desprecia la paloma debía hablar,
debía gritar desnudo entre las columnas
y ponerse una inyección para adquirir la lepra
y llorar un llanto tan terrible
que disolviera sus anillos y sus teléfonos de diamante.
Pero el hombre vestido de blanco
ignora el misterio de la espiga,
ignora el gemido de la parturienta,
ignora que Cristo puede dar agua todavía,
ignora que la moneda quema el beso de prodigio
y da la sangre del cordero al pico idiota del faisán.

Los maestros enseñan a los niños
una luz maravillosa que viene del monte;
pero lo que llega es una reunión de cloacas
donde gritan las oscuras ninfas del cólera.
Los maestros señalan con devoción las enormes
cúpulas sahumadas,

Denn da ist keiner mehr, das Brot und den Wein zu verteilen,
auch keiner, der Kräuter zöge im Mund des Toten,
auch keiner, der das Laken ausbreitete,
auch keiner, der um die Wunden der Elefanten weinte.
Da sind nur noch Millionen von Schmieden,
die Ketten richten für die kommenden Kinderlein.
Da sind nur noch Millionen von Schreinern,
die Särge zimmern ohne Kreuz.
Da ist nur noch eine Meute, die wehklagt
und sich die Hemdenbrust aufreißt in Erwartung der Kugel.
Der Mann, der die Taube verpönt, müsste reden,
müsste schreien, nackt zwischen den Säulen,
sich mit einer Spritze die Lepra verpassen
und in ein solches Weinen ausbrechen,
dass sich ihm die Ringe und die diamantenen Telefone auflösten.
Doch der in Weiß gewandete Mann
weiß nichts vom Mysterium der Ähre,
weiß nichts vom Stöhnen der Gebärenden,
weiß nicht, dass Christus noch immer Wasser spenden kann,
weiß nicht, dass die Münze den wundertätigen Kuss versengt,
und reicht das Blut des Lamms dem blöden Schnabel des Fasans.

Die Lehrer zeigen den Kindern
ein Wunderlicht, das vom Berg herscheint;
doch was ankommt, ist ein Sammelkanal von Kloaken,
wo die düsteren Nymphen der Cholera schreien.
Die Lehrer weisen devot auf die riesigen, weihgeräucherten Kuppeln,

pero debajo de las estatuas no hay amor,
no hay amor bajo los ojos de cristal definitivo.
El amor está en las carnes desgarradas por la sed,
en la choza diminuta que lucha con la inundación;
el amor está en los fosos donde luchan las sierpes del hambre,
en el triste mar que mece los cadáveres de las gaviotas
y en el oscurísimo beso punzante debajo de las almohadas.
Pero el viejo de las manos traslúcidas
dirá: amor, amor, amor,
aclamado por millones de moribundos.
Dirá: amor, amor, amor,
entre el tisú estremecido de ternura;
dirá: paz, paz, paz,
entre el tirite de cuchillos y melones de dinamita.
Dirá: amor, amor, amor,
hasta que se le pongan de plata los labios.

Mientras tanto, mientras tanto, ¡ay!, mientras tanto,
los negros que sacan las escupideras,
los muchachos que tiemblan bajo el terror pálido de los directores,
las mujeres ahogadas en aceites minerales,
la muchedumbre de martillo, de violín o de nube,
ha de gritar aunque le estrellen los sesos en el muro,
ha de gritar frente a las cúpulas,
ha de gritar loca de fuego,
ha de gritar loca de nieve,
ha de gritar con la cabeza llena de excremento,
ha de gritar como todas las noches juntas,
ha de gritar con voz tan desgarrada
hasta que las ciudades tiemblen como niñas

doch unter den Statuen ist keine Liebe,
keine Liebe auch hinter den Augen aus starrem Glas.
Liebe ist da im vom Durst gemarterten Fleisch,
in der kleinen, vom Hochwasser bedrohten Hütte;
Liebe ist da in den Gruben, wo die Hungerschlangen sich beißen,
im traurigen Meer, das die toten Möwen wiegt
und in dem dunkelsten, stechenden Kuss unter den Kissen.
Doch der Alte mit den durchsichtigen Händen
wird sagen: Liebe, Liebe, Liebe,
vor Millionen jubelnder Todgeweihter.
Er wird sagen: Liebe, Liebe, Liebe,
unter dem vor Zärtlichkeit schaudernden Brokat;
er wird sagen: Friede, Friede, Friede,
inmitten von klirrenden Messern und Dynamitmelonen.
Er wird sagen: Liebe, Liebe, Liebe,
bis seine Lippen zu Silber erstarren.

Unterdessen, unterdessen, ja!, unterdessen
sollen die Spucknäpfe leerenden Schwarzen,
die vor dem blassen Terror der Direktoren zitternden Jungen,
die im Mineralöl ertrunkenen Frauen,
die Masse derer vom Hammer, von der Violine, von der Wolke,
schreien sollen sie, auch wenn man ihr Hirn an die Wand schmeißt,
schreien sollen sie gegenüber den Kuppeln,
schreien sollen sie toll vom Feuer,
schreien sollen sie toll vom Schnee,
schreien sollen sie mit dem Schädel voll Kot,
schreien sollen sie wie die Nächte allesamt,
schreien sollen sie mit so schriller Stimme,
dass die Städte zittern wie Mädchen

y rompan las prisiones del aceite y la música.
Porque queremos el pan nuestro de cada día,
flor de aliso y perenne ternura desgranada,
porque queremos que se cumpla la voluntad de la
Tierra
que da sus frutos para todos.

El poeta llega a La Habana

A don Fernando Ortiz

Son de negros en Cuba

Cuando llegue la luna llena iré a Santiago de Cuba,
iré a Santiago,
en un coche de agua negra
iré a Santiago.
Cantarán los techos de palmera,
iré a Santiago.
Cuando la palma quiere ser cigüeña,
iré a Santiago
y cuando quiere ser medusa el plátano,
iré a Santiago.
Iré a Santiago
con la rubia cabeza de Fonseca.
Iré a Santiago.
Y con el rosa de Romeo y Julieta
iré a Santiago.
Mar de papel y plata de monedas.
Iré a Santiago.
¡Oh Cuba! ¡Oh ritmo de semillas secas!
Iré a Santiago.
¡Oh cintura caliente y gota de madera!

und die Kerker des Öls und der Musik aufbrechen.
Denn wir wollen unser täglich Brot,
Alyssenblüte und treue Zärtlichkeit zuhauf,
denn wir wollen, dass der Wille geschehe der Erde,
die ihre Früchte hergibt für alle.

Der Dichter kommt nach Havanna

Für Don Fernando Ortiz

Son der Schwarzen in Kuba

Wenn der Mond dann voll ist, geh ich nach Santiago de Cuba,
geh ich nach Santiago,
in einem Wagen wie schwarzes Wasser
geh ich nach Santiago.
Die Palmdächer werden singen,
geh ich nach Santiago.
Sobald die Palme will Storch sein,
geh ich nach Santiago
und sobald die Bananenstaude will Meduse sein,
geh ich nach Santiago.
Geh ich nach Santiago
mit Fonsecas blondem Kopf.
Geh ich nach Santiago.
Auch mit Romeo und Julia in Rosa
geh ich nach Santiago.
Meer aus Papier und Silber aus Münzen.
Geh ich nach Santiago.
O Kuba! O Rhythmus trockener Samen!
Geh ich nach Santiago.
O heiße Taille und Tropfen aus Holz!

Iré a Santiago.
Arpa de troncos vivos. Caimán. Flor de tabaco.
Iré a Santiago.
Siempre he dicho que yo iría a Santiago
en un coche de agua negra.
Iré a Santiago.
Brisa y alcohol en las ruedas,
iré a Santiago.
Mi coral en la tiniebla,
iré a Santiago.
El mar ahogado en la arena,
iré a Santiago.
Calor blanco, fruta muerta,
iré a Santiago.
¡Oh bovino frescor de cañavera!
¡Oh Cuba! ¡Oh curva de suspiro y barro!
Iré a Santiago.

Geh ich nach Santiago.
Harfe aus lebenden Schäften. Kaiman. Tabakblüte.
Geh ich nach Santiago.
Ich sagte schon immer, ich geh nach Santiago
in einem Wagen wie schwarzes Wasser.
Geh ich nach Santiago.
Brise und Schnaps in den Rädern,
geh ich nach Santiago.
Mein Korallenbaum im Dunst,
geh ich nach Santiago.
Das Meer im Sand ertrunken,
geh ich nach Santiago.
Weiße Hitze, tote Frucht,
geh ich nach Santiago.
O Frische der Rinder im Ried!
O Kuba! O Kurve aus Seufzern und Schlamm!
Geh ich nach Santiago.

TIERRA Y LUNA

(1932–1934)

Pequeño poema infinito

Equivocar el camino
es llegar a la nieve
y llegar a la nieve
es pacer durante varios siglos las hierbas de los cementerios.
Equivocar el camino
es llegar a la mujer,
la mujer que no teme a la luz,
la mujer que mata dos gallos en un segundo,
la luz que no teme a los gallos
y los gallos que no saben cantar sobre la nieve.
Pero si la nieve se equivoca de corazón
puede llegar el viento Austro
y como el aire no hace caso de los gemidos
tendremos que pacer otra vez las hierbas de los cementerios.
Yo vi dos dolorosas espigas de cera
que enterraban un paisaje de volcanes
y vi dos niños locos
que empujaban llorando las pupilas de un asesino.
Pero el dos no ha sido nunca un número
porque es una angustia y su sombra,
porque es la guitarra donde el amor se desespera,
porque es la demostración del otro infinito que no es suyo
y es las murallas del muerto
y el castigo de la nueva resurrección sin finales.

ERDE UND MOND

(1932–1934)

Kleines Gedicht ohne Ende

Den Weg verfehlen
heißt in den Schnee geraten,
und in den Schnee geraten
heißt jahrhundertelang das Gras der Friedhöfe weiden.
Den Weg verfehlen
heißt an die Frau geraten,
an die Frau, die das Licht nicht scheut,
an die Frau, die sekundenschnell zwei Hähne köpft,
das Licht, das die Hähne nicht scheut,
und die Hähne, die im Schnee nicht krähen können.
Doch wenn der Schnee das Herz verfehlt,
kann der Südwind aufkommen,
und da der Wind auf kein Stöhnen achtet,
müssen wir wieder das Gras der Friedhöfe weiden.
Ich habe zwei schmerzende Dornen aus Wachs gesehen,
die eine Vulkanlandschaft begruben,
und zwei verrückte Knaben,
die weinend die Pupillen eines Mörders rollten.
Doch die Zwei war noch nie eine Zahl,
denn sie ist eine Angst und deren Schatten,
denn sie ist die Gitarre, an der die Liebe verzweifelt,
denn sie ist der Beweis des anderen Unendlichen, das nicht zu ihr gehört,
und sie ist das Gemäuer des Toten
und die Strafe für die neue Auferstehung ohne Ende.

Los muertos odian el número dos,
pero el número dos adormece a las mujeres,
y como la mujer teme la luz,
la luz tiembla delante de los gallos
y los gallos sólo saben volar sobre la nieve,
tendremos que pacer sin descanso las hierbas de los
cementerios.

Die Toten hassen die Zahl zwei,
doch die Zahl zwei hilft den Frauen schlafen,
und da die Frau das Licht scheut,
das Licht vor den Hähnen zittert
und die Hähne nur über dem Schnee fliegen können,
müssen wir halt weiterhin das Gras der Friedhöfe
weiden.

DIVÁN DEL TAMARIT

(1931–1935)

Gacela II

De la terrible presencia

Yo quiero que el agua se quede sin cauce.
Yo quiero que el viento se quede sin valles.

Quiero que la noche se quede sin ojos
y mi corazón sin la flor del oro;

que los bueyes hablen con las grandes hojas
y que la lombriz se muera de sombra;

que brillen los dientes de la calavera
y los amarillos inunden la seda.

Puedo ver el duelo de la noche herida
luchando enroscada con el mediodía.

Resisto un ocaso de verde veneno
y los arcos rotos donde sufre el tiempo.

Pero no ilumines tu limpio desnudo
como un negro cactus abierto en los juncos.

Déjame en un ansia de oscuros planetas,
pero no me enseñes tu cintura fresca.

DIWAN DES TAMARIT

(1931–1935)

Gasel II

Von der schrecklichen Anwesenheit

Ich will, dass der Fluss kein Bett findet.
Ich will, dass dem Wind die Täler fehlen.

Ich will, dass die Nacht ohne Augen bleibt
und mein Herz ohne den Glanz des Goldes;

dass die Ochsen mit den großen Blättern reden
und der Wurm vor Schatten stirbt;

dass die Zähne des Totenkopfs glänzen
und der Gelbstich über die Seide kommt.

Ich kann die Qual sehn der wunden Nacht,
die sich windet und ringt mit dem Mittag.

Ich ertrage ein Abendrot aus grünem Gift
und die geborstenen Bogen, wo die Zeit schmachtet.

Doch beleuchte ja nicht deine reine Nacktheit
wie einen schwarzen, offenen Kaktus im Schilf.

Überlass mich einer Sehnsucht nach dunklen Planeten,
doch zeig mir ja nicht deine kühlen Lenden.

Casida IX
De las palomas oscuras

A Claudio Guillén

Por las ramas del laurel
vi dos palomas oscuras.
La una era el Sol,
la otra la Luna.
«Vecinitas», les dije,
«¿dónde está mi sepultura?»
«En mi cola», dijo el Sol.
«En mi garganta», dijo la Luna.
Y yo que estaba caminando
con la tierra por la cintura
vi dos águilas de nieve
y una muchacha desnuda.
La una era la otra
y la muchacha era ninguna.
«Aguilitas», les dije,
«¿dónde está mi sepultura?»
»En mi cola», dijo el Sol.
«En mi garganta», dijo la Luna.
Por las ramas del laurel
vi dos palomas desnudas.
La una era la otra
y las dos eran ninguna.

Kasside IX
Von den dunklen Tauben

Für Claudio Guillén

Im Gezweige des Lorbeers
sah ich zwei dunkle Tauben.
Die eine war die Sonne,
die andere der Mond.
»Liebe Nachbarn«, sprach ich,
»Wo ist mein Grab?«
»In meinem Schweif«, sagte die Sonne.
»In meinem Schlund«, sagte der Mond.
Und ich unterwegs,
mit Erde schon bis zur Hüfte,
sah zwei schneeweiße Adler
und ein nacktes Mädchen.
Der eine war der andre
und das Mädchen war keins.
»Liebe Adler«, sprach ich,
»Wo ist mein Grab?«
»In meinem Schweif«, sagte die Sonne.
»In meinem Schlund«, sagte der Mond.
Im Gezweige des Lorbeers
sah ich zwei nackte Tauben.
Die eine war die andre
und beide waren keine.

LLANTO POR IGNACIO SÁNCHEZ MEJÍAS

(1934/1935)

I

La cogida y la muerte

A las cinco de la tarde.
Eran las cinco en punto de la tarde.
Un niño trajo la blanca sábana
a las cinco de la tarde.
Una espuerta de cal ya prevenida
a las cinco de la tarde.
Lo demás era muerte y sólo muerte
a las cinco de la tarde.

El viento se llevó los algodones
a las cinco de la tarde.
Y el óxido sembró cristal y níquel
a las cinco de la tarde.
Ya luchan la paloma y el leopardo
a las cinco de la tarde.
Y un muslo con un asta desolada
a las cinco de la tarde.
Comenzaron los sones de bordón
a las cinco de la tarde.
Las campanas de arsénico y el humo
a las cinco de la tarde.
En las esquinas grupos de silencio
a las cinco de la tarde,
¡Y el toro solo corazón arriba!
a las cinco de la tarde.

KLAGE UM IGNACIO SÁNCHEZ MEJÍAS

(1934/1935)

I

Hornstoß und Tod

Um fünf nach Mittag.
Um Punkt fünf Uhr nach Mittag.
Ein Junge brachte das weiße Leinen
um fünf nach Mittag.
Ein Korb mit Löschkalk, schon bereit
um fünf nach Mittag.
Der Rest war Tod, nichts als Tod
um fünf nach Mittag.

Der Wind verwehte die Watte
um fünf nach Mittag.
Und das Oxid säte Glas und Nickel
um fünf nach Mittag.
Schon ringen Pardel und Taube
um fünf nach Mittag.
Und ein Schenkel mit dem trostlosen Horn
um fünf nach Mittag.
Es setzte das Totengeläut ein
um fünf nach Mittag.
Glocken aus Arsen und Rauch
um fünf nach Mittag.
An den Ecken schweigsame Gruppen
um fünf nach Mittag,
und der Stier allein pochenden Herzens!
Um fünf nach Mittag.

Cuando el sudor de nieve fue llegando
a las cinco de la tarde,
cuando la plaza se cubrió de yodo
a las cinco de la tarde,
la muerte puso huevos en la herida
a las cinco de la tarde.
A las cinco de la tarde.
A las cinco en punto de la tarde.

Un ataúd con ruedas es la cama
a las cinco de la tarde.
Huesos y flautas suenan en su oído
a las cinco de la tarde.
El toro ya mugía por su frente
a las cinco de la tarde.
El cuarto se irisaba de agonía
a las cinco de la tarde.
A lo lejos ya viene la gangrena
a las cinco de la tarde.
Trompa de lirio por las verdes ingles
a las cinco de la tarde.
Las heridas quemaban como soles
a las cinco de la tarde,
y el gentío rompía las ventanas
a las cinco de la tarde.
A las cinco de la tarde.
¡Ay, qué terribles cinco de la tarde!
¡Eran las cinco en todos los relojes!
¡Eran las cinco en sombra de la tarde!

Als dann der Schneeschweiß austrat
um fünf nach Mittag,
als die Arena sich mit Jod überzog
um fünf nach Mittag,
legte der Tod die Eier in die Wunde
um fünf nach Mittag.
Um fünf nach Mittag.
Um Punkt fünf Uhr nach Mittag.

Ein Sarg auf Rädern als Bett
um fünf nach Mittag.
Knochen und Flöten dröhnen ihm ins Ohr
um fünf nach Mittag.
Schon brüllte der Stier ihm um die Stirn
um fünf nach Mittag.
Der Raum schillerte im Todeskampf
um fünf nach Mittag.
Von fern naht schon der Wundbrand
um fünf nach Mittag.
Blaue Rüssel auf den grünen Leisten
um fünf nach Mittag.
Die Wunden brannten wie Sonnen
um fünf nach Mittag,
und die Meute drückte die Fenster ein
um fünf nach Mittag.
Um fünf nach Mittag.
Ach, welch grässliche fünf nach Mittag!
Fünf Uhr war es auf allen Uhren!
Fünf Uhr nach Mittag und Schatten!

II

La sangre derramada

¡Que no quiero verla!

Dile a la luna que venga,
que no quiero ver la sangre
de Ignacio sobre la arena.

¡Que no quiero verla!

La luna de par en par.
Caballo de nubes quietas,
y la plaza gris del sueño
con sauces en las barreras.

¡Que no quiero verla!
Que mi recuerdo se quema.
¡Avisad a los jazmines
con su blancura pequeña!

¡Que no quiero verla!

La vaca del viejo mundo
pasaba su triste lengua
sobre un hocico de sangres
derramadas en la arena,
y los toros de Guisando,
casi muerte y casi piedra,
mugieron como dos siglos
hartos de pisar la tierra.
No.
¡Que no quiero verla!

Por las gradas sube Ignacio
con toda su muerte a cuestas.
Buscaba el amanecer,

II

Das vergossene Blut

Ich will es nicht sehn!

Sag dem Mond, er soll kommen,
ich wolle das Blut Ignacios
nicht sehn auf dem Sand.

Denn ich will es nicht sehn!

Der Mond voll und rund.
Ein Wolkenpferd, reglos,
und die Arena grau vor Schlaf,
mit Weiden an den Schranken.

Denn ich will es nicht sehn!
Denn meine Erinnerung verbrennt.
Sagt Bescheid den Jasminblüten
in ihrer weißen Winzigkeit!

Denn ich will es nicht sehn!

Die Kuh der alten Welt
fuhr mit der traurigen Zunge
über das Maul, verschmiert vom Blut,
das über den Sand vergossen,
und die Stiere von Guisando,
halb Tod, halb Stein,
brüllten wie zwei Jahrhunderte,
des Stehens auf der Erde überdrüssig.
Nein.
Denn ich will es nicht sehn!

Die Stufen hinan steigt Ignacio
unter der Last seines ganzen Todes.
Er suchte den Morgen,

y el amanecer no era.
Busca su perfil seguro,
y el sueño lo desorienta.
Buscaba su hermoso cuerpo
y encontró su sangre abierta.
¡No me digáis que la vea!
No quiero sentir el chorro
cada vez con menos fuerza;
ese chorro que ilumina
los tendidos y se vuelca
sobre la pana y el cuero
de muchedumbre sedienta.
¿Quién me grita que me asome?
¡No me digáis que la vea!

No se cerraron sus ojos
cuando vio los cuernos cerca,
pero las madres terribles
levantaron la cabeza.
Y a través de las ganaderías
hubo un aire de voces secretas
que gritaban a toros celestes
mayorales de pálida niebla.

No hubo príncipe en Sevilla
que comparársele pueda,
ni espada como su espada
ni corazón tan de veras.
Como un río de leones
su maravillosa fuerza,
y como un torso de mármol
su dibujada prudencia.
Aire de Roma andaluza
le doraba la cabeza
donde su risa era un nardo
de sal y de inteligencia.

doch den Morgen gab es nicht.
Er sucht sein sicheres Profil,
doch der Schlaf verwirrt ihn.
Er suchte seinen schönen Körper
und fand sein offenes Blut.
Sagt ja nicht, ich soll es sehn!
Ich will den Strahl nicht spüren,
der immer schwächer wird;
diesen Strahl, der die Sperrsitze
verklärt und sich ausbreitet
über Cordstoff und Leder
der durstigen Menge.
Wer schreit da, ich soll mich nähern?
Sagt ja nicht, ich soll es sehn!

Seine Augen schlossen sich nicht,
als er die Hörner nahen sah,
aber die schrecklichen Mütter
erhoben das Haupt.
Und quer durch die Rindergehege
ging ein Windstoß geheimer Rufe
von Oberhirten, blass wie Nebel,
zugeschrien himmlischen Stieren.

Nie gab es einen Edlen in Sevilla,
der mit ihm zu vergleichen,
noch einen Degen wie seinen Degen,
noch ein Herz so wirklich Herz.
Wie ein Strom von Löwen
seine wundervolle Kraft,
und wie ein Marmortorso
das Profil seiner Klugheit.
Ein Anflug andalusischen Roms
vergoldete ihm das Haupt,
wo sein Lachen wie Hyazinthe
war aus Witz und Intelligenz.

¡Qué gran torero en la plaza!
¡Qué buen serrano en la sierra!
¡Qué blando con las espigas!
¡Qué duro con las espuelas!
¡Qué tierno con el rocío!
¡Qué deslumbrante en la feria!
¡Qué tremendo con las últimas
banderillas de tiniebla!

Pero ya duerme sin fin.
Ya los musgos y la hierba
abren con dedos seguros
la flor de su calavera.
Y su sangre ya viene cantando:
cantando por marismas y praderas,
resbalando por cuernos ateridos,
vacilando su alma por la niebla,
tropezando con miles de pezuñas
como una larga, oscura, triste lengua,
para formar un charco de agonía
junto al Guadalquivir de las estrellas.
¡Oh blanco muro de España!
¡Oh negro toro de pena!
¡Oh sangre dura de Ignacio!
¡Oh ruiseñor de sus venas!
No.
¡Que no quiero verla!
Que no hay cáliz que la contenga,
que no hay golondrinas que la beban,
no hay escarcha de luz que la enfríe,
no hay canto ni diluvio de azucenas,
no hay cristal que la cubra de plata.
No.
¡¡Yo no quiero verla!!

Welch großer Torero auf der Plaza!
Welch guter Bergler in den Bergen!
Wie feinfühlig mit den Ähren!
Wie hart mit den Sporen!
Wie zärtlich mit dem Tau!
Wie strahlend an der Feria!
Wie furchterregend mit den letzten
Banderillas der Düsternis!

Doch nun schläft er endlos.
Schon greifen Moose und Gras
mit ganz sicheren Fingern
nach der Blume in seinem Schädel.
Und schon kommt sein Blut singend einher:
singend über Marschland und Weiden,
gleitend über starre Hörner,
schwankend seine Seele im Nebel,
gestaut an tausend Klauen,
gleich einer langen, dunklen, traurigen Zunge,
zu bilden eine Lache der Agonie
neben dem Guadalquivir der Sterne.
O weiße Mauer Spaniens!
O schwarzer Stier des Leids!
O hartes Blut des Ignacio!
O Nachtigall seiner Adern!
Nein.
Ich will es nicht sehn!
Es gibt keinen Kelch, es zu fassen,
es gibt keine Schwalben, es zu trinken,
es gibt keinen lichten Raureif, es zu kühlen,
es gibt keinen Gesang noch eine Lilienflut,
es gibt keinen Kristall, es zu versilbern.
Nein.
Ich will es nicht sehn!!

IV

Alma ausente

No te conoce el toro ni la higuera,
ni caballos ni hormigas de tu casa.
No te conoce el niño ni la tarde
porque te has muerto para siempre.

No te conoce el lomo de la piedra,
ni el raso negro donde te destrozas.
No te conoce tu recuerdo mudo
porque te has muerto para siempre.

El Otoño vendrá con caracolas,
uva de niebla y montes agrupados,
pero nadie querrá mirar tus ojos
porque te has muerto para siempre.

Porque te has muerto para siempre,
como todos los muertos de la Tierra,
como todos los muertos que se olvidan
en un montón de perros apagados.

No te conoce nadie. No. Pero yo te canto.
Yo canto para luego tu perfil y tu gracia.
La madurez insigne de tu conocimiento.
Tu apetencia de muerte y el gusto de su boca.
La tristeza que tuvo tu valiente alegría.

Tardará mucho tiempo en nacer, si es que nace,
un andaluz tan claro, tan rico de aventura.
Yo canto su elegancia con palabras que gimen
y recuerdo una brisa triste por los olivos.

IV

Entschwundene Seele

Es kennt dich weder Stier noch Feigenbaum,
auch nicht die Pferde, die Ameisen von zuhaus.
Es kennt dich weder das Kind noch der Abend,
denn du bist gestorben für immer.

Es kennt dich nicht der Steintisch
noch der schwarze Atlas, auf dem du zerfällst.
Es kennt dich nicht dein stummes Erinnern,
denn du bist gestorben für immer.

Der Herbst wird kommen mit Tritonshörnern,
mit Nebelreben und gedrängten Wäldern,
doch niemand möchte deine Augen sehn,
denn du bist gestorben für immer.

Denn du bist gestorben für immer,
wie alle Toten dieser Erde,
wie alle Toten, die man vergisst
auf einem Müllberg erloschener Hunde.

Es kennt dich keiner. Nein. Doch ich besinge dich.
Ich besinge, für später, dein Profil und deine Grazie.
Die erlesene Reife deines Wissens.
Deine Lust auf den Tod und das Aroma seines
Mundes.
Die Trauer in deinem tapferen Frohsinn.

Lange wird es dauern bis zur Geburt, wenn überhaupt,
eines so lichten, so schicksalsreichen Andalusiers.
Ich besinge seine Eleganz mit Worten, die seufzen,
und denke an eine traurige Brise in den Oliven.

SONETOS DEL AMOR OSCURO

(1935)

El poeta dice la verdad

Quiero llorar mi pena y te lo digo
para que tú me quieras y me llores
en un anochecer de ruiseñores,
con un puñal, con besos y contigo.

Quiero matar al único testigo
para el asesinato de mis flores
y convertir mi llanto y mis sudores
en eterno montón de duro trigo.

Que no se acabe nunca la madeja
del te quiero me quieres, siempre ardida
con decrépito sol y luna vieja.

Que lo que no me des y no te pida
será para la muerte, que no deja
ni sombra por la carne estremecida.

SONETTE DER DUNKLEN LIEBE

(1935)

Der Dichter sagt die Wahrheit

Ich will mein Leid dir klagen noch und noch,
damit du mich liebst und mich bedauerst
in einer Dämmerung, von Nachtigalln belauert,
mit Küssen, mit dir und einem Dolch.

Töten will ich allein, in meinem Zorn,
den Zeugen der Ermordung meiner Blüten,
und all meine Klag und Müh vergüten
zu einem ew'gen Haufen harten Korns.

Nie mögen zu Ende gehn die Litanein
des ich lieb dich, du liebst mich, stets gewagt
bei siecher Sonne und altem Mond allein.

Denn was ich nicht wünsche, was du mir versagt,
wird bloß für den Tod sein, dessen Schein
keinen Schatten wirft auf das Fleisch, das verzagt.

OTROS SONETOS

A Carmela Cóndon, agradeciéndole unas muñecas

Una luz de jacinto me ilumina la mano
al escribir tu nombre de tinta y cabellera
y en la neutra ceniza de mi verso quisiera
silbo de luz y arcilla de caliente verano.

Un Apolo de hueso borra el cauce inhumano
donde mi sangre teje juncos de primavera.
Aire débil de alumbre y aguja de quimera
pone loco de espigas el silencio del grano.

En este duelo a muerte por la virgen poesía,
duelo de rosa y verso, de número y locura,
tu regalo renueva sol y vieja alegría.

¡Oh pequeña morena de delgada cintura!
¡Oh Perú de metal y de melancolía!
¡Oh España! ¡Oh luna muerta sobre la piedra dura!

(1929)

AUS DEN FRÜHEREN SONETTEN

Für Carmela aus Peru, als Dank für die Puppen

Ein Licht färbt mir die Hand hyazinthenweiß
beim Schreiben deines Namens aus Tinte und Haar,
und in die kühle Asche meines Verses wünsch ich gar
einen Pfiff aus Licht und Sommerlehm ganz heiß.

Ein Apoll aus Bein verwischt das unmenschliche Gleis,
worauf mein Blut bringt Frühlingsbinsen dar.
Schwacher Wind aus Alaun und Nadeln aus Nachtmahr
machen das Schweigen des Korns nach Ähren heiß.

In dieses tödliche Duell um die Jungfrau Poesie,
Duell von Rose und Vers, von Zahl und Irresein,
bringt dein Geschenk die Sonne, dass Freude gedieh.

Ach du Braune mit schlanker Taille, so klein!
Ach Peru aus Metall und Melancholie!
Ach Spanien! Toter Mond du auf hartem Stein!

(1929)

Anhang

Anmerkungen

Zu Entstehung und Schicksal der einzelnen Gedichtbücher Lorcas findet man weitere Ausführungen im Nachwort, S. 169ff. Hier stehen Anmerkungen zu den ausgewählten Gedichten.

Das LIBRO DE POEMAS ist Lorcas erste Gedichtpublikation. Die 68 Stücke sind in den Jahren 1918 bis 1920 entstanden und 1921 erschienen. Die hier ausgewählte »Balada del agua del mar« (1920) weist mit dem abgewandelten Kehrreim und der Dialogstruktur voraus auf die in späteren Gedichtzyklen noch deutlichere Annäherung an die volkstümliche Lyrik Andalusiens, und die Melancholie des Flamenco entspricht der schwankenden Gemütslage des jungen Dichters, der noch auf der Suche nach sich selber war.

Zu den SUITES: Unter diesem Titelwort versteht man in der Musik eine Folge von Kompositionen zu einem gleichen Thema, Variationen gewissermaßen. Lorca hat auch den Titel »Diferencias« erwogen, was dasselbe meinte. Dieses eine Thema ist hier Lorcas tiefe, in jenen frühen zwanziger Jahren quälende Kümmernis, die in der vergeblichen Suche nach seinem eigentlichen Wesen gründete, wohl auch im innerlichen Hader mit seiner Homosexualität, die er damals noch verheimlichte. Die ausgewählten Beispiele mögen vorführen, wie bedeutsam auch die Besinnungslyrik bei Lorca war, was vorübergehend vom Zigeunermythos verdrängt wurde. Die hier aufgenommenen Suites werden erstmals ins Deutsche übertragen.

»Dos estrellas del mar«, aus dem Zyklus *Estampas del mar*, trug zunächst den Titel »Lección«, was die Ironie dieser Unterweisung noch betont hätte.

»Colores« wurde dem Zyklus *Canciones bajo la luna* (*Lieder bei Mondschein*) zugeteilt. Die Farben spielen in

Lorcas Dichtung eine wichtige Rolle. Zugleich bekennt sich der Andalusier hier zu der ländlichen Umgebung in der Vega von Granada, die seine engere Heimat war. Er lobt das Dorf und hasst die Stadt.

»Desde aquí« steht bei Belamich 1983 auf S. 271, im Inhaltsverzeichnis aufgeführt im Anhang zu den Suites als »poema suelto« (Einzelgedicht). Das Gedicht fehlt in der Gesamtausgabe von García Posada 1996.

Die nachfolgenden Gedichte gehören in den abschließenden Zyklus *En el bosque de las toronjas de luna* (*Im Hain der Mond-Pampelmusen*), der Ende Juli 1923 entstanden ist. Im Vorwort schreibt Lorca: »Kalt aber scharfsinnig will ich in den Garten der nicht erblühten Samen und der blinden Theorien eindringen, auf der Suche nach der Liebe, die ich nicht fand, die aber mein war.« Schauplatz der zugehörigen Gedichte ist stets dieser allegorische »Garten«. – Das Thema von »Reflexión« ist die Vergeblichkeit jeden Fragens. Das Gedicht ist typisch für die Verbindung epigrammatischen Stils mit der Gedankenführung in bildhafter Sprache.

In »Los puentes colgantes« dienen die Hängebrücken Lorca als Bild für den schwankenden Boden, auf dem er sich befindet. Die »blancas Teorías« kommen auch in anderen Gedichten vor, meistens mit großem Anfangsbuchstaben, was die Lesung als Allegorie nahelegt, hier als Anspielung vielleicht auf ungeschriebene Lebensentwürfe.

Das ersehnte Stück kompakten Holzes (V. 13–14) in »Duna« ist ein Rückverweis Lorcas auf eine Stelle im Vorwort zu diesem Zyklus: »ein Stück Holz, ein Stück rosigen und kompakten Kirschbaumholzes« (Belamich 1983, S. 206, Anm.), ein Symbol für sicher verbürgte, schöne Wirklichkeit.

Das POEMA DEL CANTE JONDO mit seinen 56 Stücken, die er in zehn Sektionen gliederte, hat Lorca zur Hauptsache im Jahr 1921 geschrieben. *Cante jondo*, eigentlich »tiefer Gesang«, ist ein andalusisch-zigeunerischer Liedtypus, dessen Melodik und Rhythmik in der arabischen Tradition wurzeln. Zur Definition des *cante jondo* sei verwiesen auf einen erstmals am 19. Februar 1922 in Granada gehaltenen Vortrag Lorcas. (Enrique Beck hat eine deutsche Fassung davon seinem Insel-Bändchen mit Lorcas *Dichtung vom tiefinneren Sang* als Nachwort beigegeben).

Die »Baladilla de los tres ríos« eröffnet den Gedichtband. Darin wird geografisch das eigentliche Revier des *cante jondo* abgeschritten: Der Lauf des Guadalquivir, der Lebensader Andalusiens. Der Gegensatz zwischen dem großen Strom, der durch Córdoba und Sevilla fließt, und den gestauten, geheimnisvollen Wassern des Tauro und Genil (V. 21) in Granada symbolisiert zwei gegensätzliche Schicksale.

Das Gedicht »La guitarra« gehört in den Zyklus der *Siguiriya Gitana* (*Seguidilla Gitana*), einer der Liedformen des *cante jondo*, dessen einziges Instrument, solo oder zur Begleitung des Gesangs, die Gitarre ist.

»Sorpresa« gehört in den Zyklus, der die *soleá* (*soledad* – Einsamkeit) evoziert, eine andere Liedform des *cante jondo*. Eine Straße im Morgengrauen, ein unbekannter Toter, ein anonymer Mord aus unbekanntem Grund: Stoff also für eine Moritat. Doch Lorca macht daraus eine Momentaufnahme vom blanken Schrecken des Todes. Das Gedicht nimmt jenen Drohton vorweg, dem wir später in Lorcas *Zigeunerromanzen* wiederbegegnen.

Das Gedicht »Sevilla« gehört zum Zyklus *Poema de la saeta*. *Saeta* (›Pfeil‹) ist eine weitere Liedform des *cante jondo*. Das meistens improvisierte, auf Lob eines Heiligen oder der Madonna bedachte Stoßgebet wird bei Prozessionen gesungen. Der Refrain zitiert hier den Gegensatz zwischen Córdoba und Sevilla, doch der Text mit seinen kühnen Metaphern und literarischen Anspielungen reicht Sevilla die Palme.

»Balcón«, das in denselben Zyklus gehört, ist ein kleines Genregemälde, das zunächst lauter andalusische Clichés aufreiht, bis sich dann im letzten Dreizeiler vage, allein durch die Vergangenheitsform und das Wort »tanto« ein böses Ende andeutet. Ertrunkene Mädchen waren eine Zwangsvorstellung Lorcas, wie die Gedichte »Verde que te quiero verde« und »Niña ahogada en el pozo« zeigen (s. S. 139, 144). In einem späteren Vortrag mit Lesungen schreibt Lorca im Zusammenhang mit der auf der Farm bei Eden Mills (angeblich) ertrunkenen Mary: »Schlagartig fiel mir ein anderes Mädchen ein, das ich in Granada gesehen hatte: Wie es aus der Zisterne gezogen wurde, wie die kleinen Hände sich in Haken verfangen hatten, wie der Kopf gegen die Wände schlug [...]«. Im vorliegenden Gedicht »Balcón« könnte es sich um dieses andere Mädchen handeln.

»Memento« gehört in den Zyklus *Viñetas flamencas*. Es ist eine der frühesten Abwandlungen des später noch häufig wiederkehrenden Todesmotivs in Lorcas Werk. Das lateinische Wort im Titel ist die Kurzform des lateinischen *memento mori* (Gedenke des Todes!). Lorca hat insgesamt vier Gedichte in seinem Werk mit diesem Titel überschrieben.

»Baile« steht im Zyklus der *Tres ciudades* (*Drei Städte*) und ist auf Sevilla bezogen. Die beiden anderen Städte sind Málaga und Córdoba, und in allen drei lauert Gefahr oder geht der Tod um. Die Szenerie von im eigenen Haus verwahrten Mädchen wird später in Lorcas berühmtestem Drama, *La casa de Bernarda Alba*, das zentrale Motiv sein.

Mit seinen 89 zwischen 1923 und 1926 entstandenen Gedichten ist das Buch CANCIONES eines der umfangreichsten Lorcas. Es wurde in elf Sektionen gegliedert. Lorca hat die Texte gleichzeitig mit den *Suites* geschrieben und bei mehr als einem Stück gezögert, welchem Buch er es zuordnen sollte.

»Canción China en Europa« (17. November 1926): Mit seinen naiv klingenden Versen und den Assonanzreimen passt dieses Liedchen gut in die Sektion *Kinderlieder.* Gewidmet ist es Lorcas Patenkind Isabel Clara, der Tochter des befreundeten Malers Manuel Ángeles Ortiz, dem Bühnenbildner von Lorcas Barraca-Theater.

»Canción de jinete« (1924), das viel zitierte, traumatische »Reiterlied«, gehört in die Sektion *Andaluzas.* Kleine Lieder wie dieses Reiterlied mit seiner Verschlüsselung, mit der gezielten Abwandlung des Gleichen, haben mit ihrem magisch beschwörenden Drohton vorweggenommen, was dem *Romancero Gitano* den Weg zu einem breiten und begeisterten Publikum bereitet hat.

Auch »Arbolé arbolé ...« (1923) gehört zu den *Andaluzas.* Der Refrain greift mit der für den Vortrag im Chor geeigneten Endbetonung des Wortes »árbol« einen aus dem Marionettentheater bekannten Kinderreim auf. Hier wird das Motiv des erotischen Windes vorweggenommen, dem wir in »Preciosa y el aire« aus dem *Romancero Gitano* nochmals begegnen werden.

»Naranja y limón ...« gehört in die Sektion *Juegos* (Spiele). Die Zitrusfrüchte sind in Spanien meistens erotische Symbole, bedeuten aber – wie hier – auch Bitterkeit. An diesem kleinen Gedicht mit dem Kehrreim in vertauschter Reihenfolge und in der leichten Variation der Verse 5/6 und 11/12 können wir ablesen, dass der zunächst uneingegrenzte Interpretationsspielraum durch die semantische Strukturierung von süß zu bitter eine Richtung erhält: Sie weist auf den tragischen Ausgang einer unglücklichen Liebe, wahrscheinlich auf einen Tod im Wasser, wie bei Lorca des Öfteren (vgl. den Kommentar zu »Balcón«, S. 136).

»Desposorio« wurde der Sektion *Trasmundo* (Jenseits) zugeteilt. Die Härte im Ton dieser Braut weist voraus auf die zornigen Frauenstimmen in Lorcas Dramen. Das Wort »silencio!« dröhnt auch mehrmals durch Bernarda Albas Haus.

Am ROMANCERO GITANO schreibt Lorca vor allem 1926. Im November 1927 ist das Manuskript praktisch fertig. Gewidmet ist das Buch Carlos Morla Lynch und seiner Frau Bébé. Morla war damals Geschäftsträger Chiles in Madrid. In seinem gastlichen Haus ging Lorca ein und aus. Morla hat in seinen lesenswerten Memoiren (1958) wertvolle Zeugnisse über Lorcas Madrider Zeit festgehalten.

»Preciosa y el aire«, am 28. Januar 1926 datiert, ist als Vorabdruck schon im Novemberheft von *Litoral* (Málaga) erschienen. Die Widmung an Dámaso Alonso (1898–1990) gilt dem später so renommierten Philologen und Dichter (*Söhne des Zorns*), der mit zu den treibenden Kräften des Góngora-Jubiläums 1927 gehörte. – Das Naturelement Wind ist im spanischen Volkslied sehr präsent und es evoziert dabei häufig Erotisches. Wir sahen es schon im Gedicht »Arbolé arbolé ...« (s. o.). Der graduelle Anstieg der sinnlichen Temperatur über diese Wind-Stellen hin ist in der Preciosa-Romanze unüberhörbar. Der San Cristóbal benannte Windmann wird auf der entscheidenden Stufe (V. 40) vorgeführt im Wortlaut der sakralen Anrufungsformel, die man aus den andalusischen *saetas* kennt (Prozessionslieder, vgl. S. 135): »Míralo por dónde viene!« (Schau, wo er [der Gekreuzigte] des Wegs kommt). Die Gestalt des Windes ist so zu einem Satyr (V. 41) überhöht, ihr haftet jetzt alles Heilige und zugleich Schreckende des Übernatürlichen an, auch das fatal Zerstörende. Dass diese machtvolle Mythenfigur zum Schluss der Romanze wieder kläglich an den Dachziegeln des milchspendenden Engländers nagt, zeigt Lorcas Geschick, die Klimax in eine Antiklimax überzuführen.

»Romance sonámbulo«, die legendäre »Traumwandlerromanze«, ist am 2. August 1924 datiert. Die zahlreichen Korrekturen auf dem Manuskript verraten, dass Lorca lange um den endgültigen Wortlaut gerungen hat. Die Widmung gilt dem mit Lorcas Familie befreundeten Ehepaar de los Ríos. Fernando (1879–1949), ein sozialistischer Rechtsgelehrter und Humanist, Professor an der Universität Granada, war gewissermaßen Lorcas Mentor. Er war sein Reisebegleiter auf der Reise nach New York 1929. Er wurde während der Republik Erziehungsminister und hat 1932 Lorcas Theatertruppe La Barraca subventioniert. 1939 ist er in die USA emigriert. – Die »Traumwandlerromanze« lässt zwar eine realistische Deutung zu (die geliebte und liebende Zigeunerin hat sich in der Zisterne ertränkt, weil sie ahnte, dass er nur als ein tödlich Verletzter zu ihr kommen kann, und ihr verzweifelter Vater empfängt ihn, hoffnungslos), doch das Geschehen spielt sich in einer irrationalen, halluzinatorischen Traumwelt ab, die Lorca in selten erreichter Meisterschaft vor unser inneres Auge zaubert.

»La casada infiel« ist am 27. Januar 1926 datiert. Ein Vorabdruck steht im Januarheft 1928 der *Revista de Occidente*. Die Widmung an Lydia Cabrera gilt der kubanischen Schriftstellerin, die Lorca mit Margarita Xirgu, seiner späteren Hauptdarstellerin, bekannt gemacht hatte. Diese Romanze ist der am häufigsten publizierte Text Lorcas, was sich u. a. durch die unverblümte Erotik erklärt. – Die Trennung der ersten drei Verse vom Rest hat Lorca selber gewollt, um mit dieser dreizeiligen *copla* den volkstümlichen Ursprung der Romanze zu verdeutlichen. In diesem Fall kennen wir sogar die Spur. Die Übereinstimmung der »Casada infiel« mit einer mündlich überlieferten *copla* ist frappant. In knappen vier Versen führt diese den ganzen Verlauf einer Verführung vor, mitsamt der moralischen Argumentation. Sie lautet so:

Enamoré a una casada	Ich hab eine Frau geliebt,
y luego me arrepentí;	schon muss ich es bereuen;
Como olvidó a su marido	so wie sie ihren Mann betrügt,
Me olvidará luego a mí.	nimmt sie statt mir den neuen.

Lorcas Bruder Francisco erinnert sich, dass er zusammen mit Federico in der Sierra Nevada gehört hatte, wie ein Maultiertreiber dieses Liedchen sang. Aus einer simplen *copla* ist hier dank Lorcas Können das beliebte Bravourstück entstanden. – Die Nacht des Sankt Jakob ist die Nacht auf den 25. Juli (V. 4). Santiago ist der Nationalheilige und Patron Spaniens, deshalb wird dort in dieser Nacht gefeiert.

»Muerto de amor« ist als Vorabdruck im Oktoberheft 1927 von *Litoral* (Málaga) erschienen. Gewidmet ist die Romanze Margarita Manso, der schönen Verlobten von Emilio Aladrén, Lorcas intimem Freund. Diese Romanze ist auffallend arm an Handlung, sie wirkt vor allem durch Suggestionen aus Farben und Tönen. – »*Blaue* Depeschen« (V. 41) erweckt den Eindruck kühner, avantgardistischer Farbgebung. Man denkt an Picassos blaue Periode (1901–04) oder an Kandinskys *Blauen Reiter* (1912). Doch in diesem Fall gilt es festzustellen, dass in Spanien damals und noch viel später alle Telegramme von den Ämtern auf blauem Papier ausgedruckt wurden.

»Romance de la Guardia Civil española« ist im Januar 1926 abgeschlossen. Die Beifügung des Attributs »española« im Titel unterstreicht, dass diese Feldgendarmerie keine andalusische, sondern eine dort fremde, eben spanische Institution ist. Die Feindschaft zwischen dieser Nachfolgerin der alten Hermandad und den Zigeunern hat Tradition. Die Widmung an Juan Guerrero Ruiz (1893–1955) gilt dem rührigen Herausgeber von Literaturzeitschriften und Förderer der 27er-Generation von Lyrikern, daher das Attribut »Generalkonsul der Poesie«. An dieser Zigeunerromanze Lorcas – es ist eine der epischsten – kann man gut erkennen, wie er mit kühnen Metaphern und dissonanten Bildern die traditionelle Romanzenform überhöht. Die Begebenheit einer grausamen Razzia der Guardia Civil in der Zigeunerstadt Jerez de la Frontera hat keinen historischen Hintergrund. Die Romanze beschwört vielmehr eine tiefere Opposition, nämlich die zwischen Ordnung und Chaos, zwischen Gesetz und Magie, zwischen Macht und Poesie, zwischen Autorität und Freiheit (Francisco Umbral). – Die Jungfrau Maria und Joseph (V. 37 u. ö.), Pedro Domecq (V. 47), der populäre Besitzer der bekannten Sherry-Kellereien in Jerez, die Halbmonde, die Standarten und Laternen evozieren eine Festtagsprozession, über die die Gendarmen brutal und mörderisch einherfallen. Das an die Türen schlagende Pferd (V. 30) kommt als Todesbote in vielen spanischen Legenden vor. »La benemérita« (die Hochverdiente, V. 60) ist ein traditioneller, ironischer Beiname der Guardia Civil. Das Geschlecht der Camborios (V. 105) wird auch in zwei anderen Romanzen Lorcas genannt.

Die beiden ersten Teile der ODA AL SANTÍSIMO SACRAMENTO DEL ALTAR sind erstmals im Dezember 1928 in der *Revista de Occidente* erschienen. Diese vierteilige Ode ist nach der *Klage für Ignacio Sánchez Mejías* das längste Poem Lorcas. In einem seltsamen Spagat zwingt Lorca in diesem Gedicht religiöse Liturgie und die Schrecknisse dieser Welt zusammen. Die Widmung gilt dem Musiker Manuel de Falla (s. S. 172 zum »Poema del cante jondo«), der als gläubiger Katholik darüber empört war, seinem »Sohn« Federico jedoch bis an dessen frühes Ende die Freundschaft bewahrte. In der Tat ist das Ineinander sakraler Sprache und kühner Modernismen für Strenggläubige schockierend, bei Lorcas eher weitherzigem Katholizismus und in seiner existenziellen Not aber verständlich. Die Ode besteht aus vier Teilen: Expositio (Zurschaustellung des Allerheiligsten in der Liturgie), Welt, Dämon (Teufel) und Fleisch. Welt, Teufel und Fleisch sind gemäß dem katholischen Katechismus die drei Feinde der Seele. Wir haben hier nur den zweiten Teil (Welt) übernommen, wo Lorcas Weltverdrossenheit am deutlichsten wird (Traurige Weltnacht, V. 18). – Das lateinische Motto gehört zur katholischen Liturgie und lautet auf Deutsch: »Lamm Gottes, das du der Welt die Sünden nimmst, erbarme Dich unser«. Der Text bezieht sich auf Johannes I,29.

POETA EN NUEVA YORK, 1929 und 1930 entstanden, ist das am schwersten zugängliche Werk Lorcas. Dessen Wucht und poetische Kraft sind erst nach und nach erkannt worden. Das erst postum (1940) erschienene Buch zeugt von Lorcas Erschütterung angesichts einer mechanisierten und versteinerten Stadtwelt. – Das Buch ist dem Ehepaar Morla Lynch gewidmet, den guten chilenischen Freunden Lorcas in Madrid, deren Memoiren zu den wichtigen Dokumenten über Lorca gehören. Auffallenderweise bleibt Lorcas erste Lesung aus diesem Buch, just im Haus Morla, dort unerwähnt.

»Norma y paraíso de los negros« gehört in Teil II, betitelt mit »Die Schwarzen«. Die Anteilnahme Lorcas für die damals in Amerika noch stark diskriminierten Schwarzen hatte zunächst überrascht, doch dann erkannte man, dass er in diesen eine ebenso marginierte Gruppe sah wie daheim in den Zigeunern Andalusiens. Das Gedicht ist Ángel del Río gewidmet, dem spanischen Columbia-Professor. Er war Lorcas Mentor in der New Yorker Zeit und hat darüber ein aufschlussreiches Buch verfasst (1953). Das bildstarke Gedicht blieb zu Lebzeiten Lorcas unveröffentlicht. – Thema ist der Hass der Afrikaner auf die Welt der Weißen (V. 1–8) und die Sehnsucht nach ihrem afrikanischen Ursprung. Die sieben Vierzeiler bestehen aus Versen unterschiedlicher Länge und haben einen durchgehenden Assonanzreim (i–a) in den paaren Versen.

»Danza de la muerte« gehört Teil III an, mit dem Titel »Straßen und Träume«. Gewidmet ist er Rafael Rapún, dem Sekretär der Theatertruppe La Barraca (s. Nachwort, S. 157f., 162f.), und als Motto setzt Lorca die schönen Anfangsverse des Gedichts »Vida« seines Freundes Vicente Aleixandre (vgl. *Spanische Lyrik des 20. Jahrhunderts,*

RUB 8035, Stuttgart 1985, S. 180/181). Dieses ganz und gar untänzerische, mit brutalen Bildern bestückte Langgedicht hat einen unvergessenen historischen Hintergrund: den fatalen Börsencrash in New York am 29. Oktober 1929, der eine Weltwirtschaftskrise auslöste. Lorca hat angeblich selber den Tumult an der Wall Street erlebt und gesehen, wie ein bankrotter Mann sich aus dem Fenster stürzte. Die kollektive Katastrophe hat hier die vehemente Kapitalismus- und Amerikaschelte Lorcas ausgelöst. Solche sozialkritischen Töne finden wir indes nur in etwa einem Drittel der rund vierzig Stücke dieses Buches. Die anderen sind Ausdruck von Lorcas krisenhafter Befindlichkeit, insbesondere seiner andauernden Obsession durch den Tod. Dass diese Maskenfratze in Manhattan als Schwarzer auftritt, gibt auch hier zu erkennen, dass Lorca vor allem diese Ausgegrenzten als Opfer sah, denen jetzt eine Rache zustand. Das Gedicht ist erstmals in einer frühen, später stark überarbeiteten Fassung in der angesehenen kubanischen *Revista de Avance* erschienen (Nr. 45 vom 15. April 1930). – Guano (V. 22), der Dung der Seevögel, wurde in jenen Jahren als Dünger von der Pazifikküste Südamerikas in alle Welt verschifft. Der Aufenthalt im Ammoniakdunst ruinierte den Arbeitern die Gesundheit.

Ein Manuskript von »Niña ahogada en el pozo« trägt das Datum des 8. Dezember 1929. Zugeteilt wurde es der Sektion V *In der Hütte des Farmers*. Abgesehen vom anekdotischen Geschehen bedeutet der Ertrinkungstod eines Mädchens hier die Unausweichlichkeit jeden Todes, und die gescheiterten Rettungsversuche besagen das Unrettbare jeglichen Lebens. »Wasser ohne Mündung« ist, wie schon die Flüsse Granadas in der »Baladilla de los tres ríos« (s. S. 26), Ausdruck eines völlig spannungslos dem Tod verfallenen Daseinsgefühls, wie es den Dichter in jener Krisenzeit bedrückte. »Niña ahogada en el pozo« ist eines der zugänglicheren Gedichte in diesem New Yorker Buch. Erstmals erschienen ist es in der weit verbreiteten

Anthologie von Gerardo Diego (1932 und 1934). Der Zufall erlaubt es in diesem Fall, Näheres über die Entstehung des Gedichtes zu erfahren und es aufzuhellen. Wie Ángel del Río (1953) bezeugt, kam Lorca im Sommer 1929 nach einem Aufenthalt in Vermont zu Besuch in die Farm in Catskills bei Shandaken, wo del Río seine Ferien verbrachte. Das etwas absonderliche Milieu war geprägt von einem nahe gelegenen verlassenen Steinbruch, aus dessen Schächten Wasserrauschen und Quaken von Fröschen ertönte. Den Kindern des kranken Farmers, einem Jungen und einem Mädchen, war Lorca besonders zugetan. Dass dieses Mädchen in einem der Schächte ertrunken sei, ist Lorcas Erfindung. Ángel del Río hat in seinem erwähnten Erinnerungsbuch den Sachverhalt eines nur eingebildeten Ertrinkens der Stanton-Tochter festgehalten. Aus den Ortsangaben »Granada y Newburg« darf man zudem schließen, dass Lorca den früher in Granada erlebten Ertrinkungstod eines Mädchens in eins nimmt mit dem nur in seiner Fantasie erfolgten Tod der kleinen Mary Stanton auf der Farm bei Newburgh (vgl. den Kommentar zum Gedicht »Balcón«, S. 136). – Ondina (Undine, Wassernymphe, V. 23) und Geigen ohne Saiten (V. 26), ein Symbol für Melancholie, waren beliebte Motive bei den Surrealisten, z. B. beim Maler Juan Gris.

»Muerte« leitet Teil VI ein, der wie erwähnt mit »Einführung in den Tod« überschrieben ist. Darunter steht, es seien »Poeme der Einsamkeit in Vermont«. Es ist kein Manuskript dieses Gedichts erhalten. Erstmals erschienen ist es in der *Revista de Occidente*, im Januar 1931. In diesem als Fortsetzungsspiel konstruierten Gedicht spielt Lorca die möglichen Metamorphosen zwischen Natur und Tod durch, ein schon von vielen Dichtern erprobtes Motiv. Was sonst ein Tummelfeld für Bildakrobaten ist, setzt bei Lorca ein mit einer harmlosen Zoologie und endet nach einer Höllenfahrt mit dem ruhigen Tod in der Kreide (V. 18/19). Es ist viel gerätselt worden über dieses

Erscheinungsbild des lyrischen Ichs. Die Deutung des Flammen-Seraphins als höllenfahrender Dämon gilt als die plausibelste. Sah sich Lorca hier als *poète maudit*?

»Crucifixión«, von Lorca brieflich als »eines der interessantesten Gedichte der Sammlung« bezeichnet, fehlt in der Ausgabe Seneca (s. Nachwort, S. 176f.). Die Herausgeber haben dieses Gedicht der Sektion VII (Rückkehr in die Stadt) zugeordnet. Es blieb zu Lebzeiten Lorcas unveröffentlicht und ist – datiert am 18. Oktober 1929 – erstmals in der kanarischen Zeitschrift *Planas de Poesía* erschienen, basierend auf einem stark beschädigten, lange verschollenen und fast unleserlichen Manuskript. Der Text des Originals ist deshalb an manchen Stellen ungesichert. Besonders V. 33 lässt keine eindeutige Lesart zu und der Wortlaut kann nur vermutet werden. Dennoch ist das Gedicht sehr aufschlussreich, denn es ist Lorcas Versuch, das Karfreitagsgeschehen auf Golgota in Worte und vor allem in Bilder zu fassen. Dabei wird auf Christus nur viermal direkt Bezug genommen (V. 3 Beschneidung; V. 16/17 Marterwerkzeuge; V. 30 Erlösung; V. 40 Lamm) und nur in fünf Versen (V. 11, 15, 19, 25, 35) lesen wir Anspielungen auf Biblisches. Von den 42 Versen des Gedichts handeln also bloß neun von Sakralem. In den anderen wird in drastischen Bildern Schreckliches evoziert, vom Mond bis zu den Motten stets an den Tod gemahnend.

Als Sektion VIII hat Lorca »Dos Odas« eingefügt. Die zweite davon ist der berühmte »Grito hacia Roma«, ein in seiner Schärfe ungewöhnlich antiklerikaler und sozialkritischer Text. Das wiederum schwer zu entziffernde Manuskript trägt kein Datum, erstmals ist er in der Zeitschrift der Exilspanier in Mexiko, *España peregrina*, erschienen (Februar 1940). – V. 10: Gemeint ist die Kuppel des Petersdoms. V. 54: Die prekäre Entzifferung von Lorcas Handschrift lässt die Lesarten *melenas* (Mähnen) oder *melones* zu. In Abweichung von García-Posada, dem wir hier sonst folgen, optiere ich für Melonen, was auf kugelförmige Granaten anspielt, also auf etwas Todbringendes.

Die nur aus diesem einen Gedicht »Son de negros en Cuba« bestehende Sektion X, mit dem Titel »Der Dichter kommt nach Havanna«, ist dem renommierten kubanischen Anthropologen Fernando Ortiz gewidmet. Diesem verdankt Lorca die Einladung zu Vorträgen nach Havanna. Aus den wenigen Tagen, die für Kuba geplant waren, ist ein dreimonatiger Aufenthalt geworden, eine Zeit, die Lorca als die glücklichste seines Lebens bezeichnet hat. Das übermütige Gedicht zeigt, dass Lorca – nach der Manhattan-Zeit – hier seine kulturelle Identität wiederfand. – Son bezeichnet einen traditionellen Tanz in der Karibik mit afrikanischen Rhythmen und eine heute im Zuge des musikalischen Kuba-Booms wohlbekannte Musik. Havanna liegt im Nordwesten der Insel, Santiago im Südosten. Ob Lorca tatsächlich in Santiago war, blieb lange umstritten. Zeugen haben inzwischen bewiesen, dass es so war. Das Gedicht ist erstmals in der kubanischen Zeitschrift *Musicalia* erschienen (Nr. 11 von April/Mai 1930). Dieses triumphale Schlussgedicht von *Dichter in New York* wurde in Windeseile zu einem Welterfolg. – Für einige der verblüffenden Bilder Lorcas in diesem rhythmisierten Tanzgedicht gibt es eine überraschende Erklärung: Die Zigarrenschachteln aus Kuba, die Lorcas Vater in Fuentevaqueros erhielt. Auf den sogenannten *cromos*, den aufgeklebten Werbepapieren, waren u. a. der blonde Fabrikant Fonseca (V. 12), das berühmte Liebespaar aus Verona, rosafarben, Emblem für seine berühmten Romeo y Julieta-Zigarren (V. 14), und auch das Meer und die Münzen (V. 16) abgebildet. Lorca hatte demnach all dies schon in Andalusien gesehen und diese Bilder waren für ihn also Jugenderinnerungen. Die »trockenen Samen« (V. 18) beziehen sich auf die *maraca*, die Kürbisrassel oder Rumbakugel. Zu der »Harfe aus lebenden Schäften« (V. 22) meinte Lorca selber, er habe die palmenbestandene Insel mit ihrer Bogenform so gesehen.

Aus TIERRA Y LUNA (1931–34) bringen wir das Gedicht »Pequeño poema infinito«. Es ist am 10. Januar 1930 in New York datiert, blieb aber zu Lebzeiten Lorcas unveröffentlicht. Es ist erstmals 1950 in einer Edition von Briefen Lorcas erschienen. Wir bringen es als Beispiel eines surrealistischen Nonsens-Ringeltanzes mit Hintersinn.

DIVÁN DEL TAMARIT (1931–35) umfasst 11 Gasele und 9 Kassiden, beides Gedichtformen aus der persisch-arabischen Tradition. Das ebenfalls arabische »Tamarit« ist ein Ortsname. Lorca entlehnt ihn der Huerta del Tamarit, dem so benannten Landhaus eines Onkels am Ufer des Genil in der Provinz Granada.

Die »Gacela II: De la terrible presencia« ist im Oktober 1935 als Vorabdruck in einer Zeitschrift in Barcelona erschienen. In einer Abfolge von zunehmend verstörten Bildern, in gewollt chaotischer Reihung evoziert das Gedicht die Panik des lyrischen Ichs angesichts der »schrecklichen Anwesenheit« eines geliebten nackten Körpers.

Die »Casida IX: De las palomas oscuras« wurde von Lorca Ende 1931 erwähnt und ist erstmals 1932 in Altolaguirres Zeitschrift *Héroe* in Madrid erschienen. Die Widmung an Claudio Guillén gilt dem Sohn des Dichterfreundes Jorge Guillén. Der nachmalige Harvard-Komparatist war 1931 gerade sieben Jahre alt, woraus sich der Kinderreimton dieser Kasside erklärt. Hinter dem rätselhaften Versteckspiel lauern jedoch die geheimen metaphysischen Ängste Lorcas.

An der vierteiligen Elegie LLANTO POR IGNACIO SÁNCHEZ MEJÍAS, der an den Folgen eines Unfalls in der Arena am 11. August 1934 starb, hat Lorca zwischen September 1934 und Mai 1935 gearbeitet. Am 4. November trägt er sie erstmals im Haus der Freunde Morla Lynch vor. Im Mai 1935 erscheint sie in Madrid, mit einer Widmung an Encarnación López Júlvez, der Argentinita genannten Sängerin und Tänzerin, der langjährigen Freundin von Sánchez Mejías. Im Herbst desselben Jahres widmet Lorca das Poem »endgültig« dem Mäzen, Stierkampfhistoriker und Freund José María de Cossío. – Die vier Teile tragen je einen eigenen Titel: I »La cogida y la muerte (Hornstoß und Tod)«, II »La sangre derramada (Das vergossene Blut)«, III »Cuerpo presente (Der aufgebahrte Leib)«, IV »Alma ausente (Entschwundene Seele)«. Wir lassen hier den dritten Teil beiseite.

Teil I wirkt durch die Aufgeregtheit der Bilder, den Wechsel zwischen populären Achtsilbern und gehobenen Elfsilbern sowie vor allem dank der eindrücklichen Wiederholung der fatalen Uhrzeit. – In dem langen Teil II wird der Duktus ruhiger. Weiden an den Schranken (V. 9) bezieht sich auf den Brauch, Zweige von Trauerweiden anzubringen, wenn in der Arena jemand zu Tode kommt. Die Stiere von Guisando (V. 19) sind ein Denkmal aus der keltiberischen Vorzeit in der Provinz Ávila, vier fast lebensgroße Stiere aus Granit in einer Front, Schauplatz historischer Ereignisse. Die schrecklichen Mütter (V. 44) beziehen sich auf deren mythisches Reich, das auch Mephisto voller Widerwillen dem Faust zeigt (Teil II, 1. Akt, Szene V). In den V. 62–69 sind die Anklänge an die andere berühmte Elegie der spanischen Literatur, die *Coplas* von Jorge Manrique auf den Tod seines Vaters (1476) unüberhörbar. – Der hier ausgelassene Teil III steht in klassisch getragenen Vierzehnsilbern und endet mit dem berühmten Vers: »Schlafe, fliege, ruhe: Es stirbt auch das Meer!« – Den Teil IV, mit einer Ausnahme ebenfalls in vierzeilige Strophen gegliedert, hat Lorca in gehobenen, reimlosen Elfsilbern gesetzt.

Aus den SONETOS DEL AMOR OSCURO bringen wir eines aus der Reihe der bekennenden, das Lorca den »Sonetos de amor« zugeordnet hat. »El poeta dice la verdad«

ist zu Lebzeiten Lorcas nicht veröffentlicht worden. Das Manuskript im Madrider Lorca-Archiv steht auf einem Briefbogen des Hotels Victoria in Valencia, wo Lorca im November 1935 abgestiegen war. Ich bringe im Textteil vorne eine (annähernd) gereimte Version, um die Sonettform zu wahren. Einen getreueren Wortlaut kann man hier in einer ungereimten Übersetzung lesen:

Der Dichter spricht die Wahrheit

Ich will mein Leid dir klagen und es dir sagen, / damit du mich liebst und mich beweinst / in einer Abenddämmerung voll Nachtigallen, / mit einem Dolch, mit Küssen und mit dir. //
Töten will ich den einzigen Zeugen / der Ermordung meiner Blumen, / und mein Klagen und Bemühn verwandeln / in einen dauernden Haufen harten Korns. //
Nie möge enden der wirre Strang / des ich lieb dich, du liebst mich, stets gewagt / wenn die Sonne siech und der Mond schon alt. //
Denn was du nicht gibst und ich nicht verlange, / wird bloß für den Tod sein, der nicht einmal / Schatten lässt auf dem schaudernden Fleisch.

Als Beispiel für frühere Sonettdichtungen Lorcas steht hier zum Schluss dieser Auswahl das Widmungsgedicht »A Carmela Cóndon, agradeciéndole unas muñecas (Für Carmela Cóndon, als Dank für die Puppen)«. Es ist ebenfalls erst postum veröffentlicht worden. Das schöne Sonett geisterte nach 1937 in verschiedenen, zumeist fehlerhaften Versionen in Zeitschriften und Buchausgaben umher, meistens unter dem Titel »A Carmela la peruana«, bis dann Roque Scarpa in Chile 1961 das Faksimile des Sonetts publiziert hat, das ihm vermutlich Pablo Neruda gegeben hatte. Dort erscheint auch das frühe Datum der Entstehung: Madrid 1929. – Mit den Puppen als Geschenk

(V. 11) sind Marionetten gemeint, die Lorca von der Peruanerin erhalten hatte. Sie war die Tochter eines Bekannten Lorcas. Der wunderschöne Vers 13 über Peru – Lorca war übrigens nie dort – ist nahezu geflügelt, seit ein niederländisches Team den Dokumentarfilm über Lima und das Andenland mit diesem Lorca-Vers betitelt hat (1993). Auch diesmal steht im Textteil eine (versuchsweise) gereimte Version und hier eine ungereimte:

Für Carmela aus Peru, als Dank für die Puppen

Ein Hyazinthenlicht beleuchtet mir die Hand / beim Schreiben deines Namens aus Tinte und Haar, / und in die matte Asche meines Verses wünsche ich / ein Pfeifen aus Licht und heißem Sommerlehm. //
Ein Apoll aus Knochen löscht die unmenschliche Bahn, / worin mein Blut die Frühlingsbinsen webt. / Schwacher Wind aus Alaun und Nachtmahrnadel / machen das stumme Korn verrückt nach Ähren. //
Bei diesem tödlichen Duell um die Jungfrau Poesie, / Duell von Rose und Vers, von Zahl und Irrsinn, / erweckt dein Geschenk der Sonne alte Freude. //
Ach du kleine Braune mit schlanker Taille! / Ach Peru aus Metall und Melancholie! / Ach Spanien! Du toter Mond auf hartem Stein! (Madrid 1929)

Textnachweise

Die spanischen Texte sind abgedruckt nach:

Federico García Lorca: Diván del Tamarit – Llanto por Ignacio Sánchez Mejías – Sonetos. Hrsg. von Mario Hernández. Madrid: Alianza, 1981.
Gacela II: De la terrible presencia (62 f.); *Casida IX: De las palomas oscuras* (90 f.); *La cogida y la muerte* (111–113); *La sangre derramada* (114–117); *Alma ausente* (121 f.); *El poeta dice la verdad* (140); *Soneto a Carmela Cóndon, agradeciéndole unas muñecas* (135).
– Poema del Cante Jondo. Hrsg. von Mario Hernández. Madrid: Alianza, 1982.
Baladilla de los tres ríos (57 f.); *La guitarra* (60 f.); *Sorpresa* (74); *Sevilla* (83 f.); *Balcón* (88); *Memento* (113); *Baile* (117 f.).
– Canciones. Hrsg. von Mario Hernández. Madrid: Alianza, 1982.
Canción china en Europa (57 f.); *Canción de jinete* (75); «Arbolé arbolé …» (77 f.); «Naranja y limón …» (103); *Desposorio* (135).
– Primer Romancero gitano – Otros romances del teatro. Hrsg. von Mario Hernández. Madrid: Alianza, 1981.
Preciosa y el aire (51–53); *Romance sonámbulo* (56–59); *La casada infiel* (62–64); *Muerto de amor* (80–82); *Romance de la Guardia Civil española* (86–90).
– Libro de poemas. Hrsg. von Mario Hernández. Madrid: Alianza, 1984.
La Balada del agua del mar (182 f.).
– Suites. Krit. Ausg. hrsg. von André Belamich. Barcelona: Ariel, 1983.
Dos estrellas del mar (35); *Colores* (37); *Momentos de la tarde – Desde aquí* (271 f.); *Cúco, Cuco, Cucó – Último nocturno* (120 bis 122); *Reflexión* (184 f.); *Los puentes colgantes* (194 f.); *Duna* (206 f.).
– Obras completas. Bd. 1: Poesía. Hrsg. von Miguel García-Posada. Barcelona: Círculo de Lectores / Galaxia Gutenberg, 1996.
Oda al Santísimo Sacramento del Altar – Mundo (464 f.); *Norma y paraíso de los negros* (517 f.); *Danza de la muerte* (524–527); *Niña ahogada en el pozo* (544 f.); *Muerte* (546); *Crucifixión* (559 f.); *Grito hacia Roma* (561–563); *Son de negros en Cuba* (572 f.); *Pequeño poema infinito* (578 f.).

Literaturhinweise

Ausgaben

F. García Lorca: Œuvres complètes. Hrsg. von André Belamich. Bd. 1: Poésie – Prose – Correspondance. Paris: Gallimard, 1981. (Bibliothèque de la Pléiade. 291.) [Zit. als: Belamich.]

F. García Lorca: Obras completas. Hrsg. von Miguel García-Posada. Bd. 1: Poesía. Barcelona: Círculo de Lectores / Galaxia Gutenberg, 1996.

F. García Lorca: Obras. Hrsg. von Mario Hernández. Bd. 1 ff. [*Poesía* in mehreren Bänden.] Madrid: Alianza, [2]1983 ff.

Zur Biografie

Bernecker, Walther L. / Brinkmann, Sören: Kampf der Erinnerungen. Der Spanische Bürgerkrieg in Politik und Gesellschaft 1936–2006. Münster 2006.

García Lorca, Francisco: Federico en su mundo. Madrid 1980. [Der Bruder des Dichters hat diese Erinnerungen zwischen 1959 und 1965 geschrieben, als er Professor an der Columbia University in New York war.]

Gibson, Ian: Federico García Lorca. Biographie. Frankfurt a. M. 1991. [1999 als Suhrkamp Taschenbuch, 3089.]

Meier, Herbert / Ramírez, Pedro (Hrsg.): Federico García Lorca. Bilder und Texte. Frankfurt a. M. 1986.

Morla Lynch, Carlos: En España con Federico García Lorca (Páginas de un diario íntimo). Madrid 1958.

Río, Ángel del: Poeta en Nueva York. Ensayo. Madrid 1953.

Zu den Übersetzungen

Frielinghaus, Helmut: Poeta en Nueva York. Ein Gedichtzyklus und seine deutsche Übersetzung. In: Der Fall Lorca. Presseinformation des Suhrkamp Verlags. Frankfurt a. M. 1998. S. 9 bis 16.

Mann, Golo: Vom Übersetzen lyrischer Gedichte. In: Du (Zürich) 3/1981. S. 143.
Pörtl, Klaus: García Lorcas *Romancero gitano* in Becks Übersetzung. Versuch einer Übersetzungskritik. In: Sprache, Literatur, Kultur. Romanistische Beiträge (Festschrift für Hans Brummer). Hrsg. von Dietrich Briesemeister. Bern / Frankfurt a. M. 1974. S. 183–205.
Rudin, Ernst: Der Dichter und sein Henker? Lorcas Lyrik und Theater in deutscher Übersetzung, 1938–1998. Kassel 2000.
– (Hrsg.): Übersetzung und Rezeption García Lorcas im deutschen Sprachraum. Akten eines Kolloquiums. Kassel 1997.
Rudin-Bühlmann, Sibylle: Enrique Beck. Ein Leben für García Lorca. Exil in Spanien und der Schweiz. Zürich 1993.
Weinrich, Harald: Gutachten zu den dramatischen Werken von Federico García Lorca in der Übersetzung von Enrique Beck (22. April 1998), in der Presseinformation des Suhrkamp Verlags. Frankfurt a. M. 1998. S. 5–8.

Nachwort

Das kurze Leben und das große Werk des Federico García Lorca (1898–1936)

Für den eiligen Leser steht hier zuvorderst eine biografische Zeittafel, mit besonderem Augenmerk auf die Diskrepanz zwischen Entstehung und Publikation seiner Werke.

Zeittafel

1898 Lorca wird am 5. Juni in Fuente Vaqueros bei Granada geboren und wächst in dörflicher Umgebung auf, harmonisch und religiös. Der Vater ist ein angesehener Gutsbesitzer, die Mutter Lehrerin. Lorca hat einen Bruder und zwei Schwestern.

1909 zieht die Familie nach Granada. Lorca besucht dort die Schulen. Die Musik ist seine große Leidenschaft. Lustloses Literatur- und Jurastudium in Granada.

1916–17 vier geführte Studienreisen nach Nordspanien. Bekanntschaft mit Fernando de los Ríos, einem Freund der Familie, Rechtsgelehrter und Theoretiker des Sozialismus, Minister während der Zweiten Republik.

1916–18 entdeckt Lorca seine literarischen Neigungen und schreibt Gedichte und Prosa. Die *Poemas juveniles*, Lorcas früheste Gedichte, erscheinen erst 1994 aus dem Nachlass, mit dem größten Textumfang.

1918 Anfang April: *Impresiones y Paisajes* erscheint in Granada (auf Kosten des Autors. Deutsche Ausgabe: Frankfurt a. M.: Insel, 1998). Von 1918 an entstehen die Gedichte des *Libro de poemas*, die auf Kosten von Lorcas Vater im Verlag von Gabriel Maroto im Juni 1921 in Madrid erscheinen.

1919 Auf Anraten von Fernando de los Ríos zieht Lorca nach Madrid und wohnt bis 1928 in der liberalen, weltoffenen Residencia de Estudiantes an der Calle del Pinar.

1920 Entdeckung des Theaters. Von Ende 1920 bis Juli 1923 arbeitet Lorca an den *Suites*.

1921 Freundschaft mit dem Musiker Manuel de Falla. Sie organisieren gemeinsam das Festival del cante jondo in Granada. Im November schreibt Lorca den Großteil des *Poema del cante jondo*. Erschienen ist das Buch erst 1931.

1921 Von diesem Jahr an bis 1925 schreibt Lorca seine *Canciones*. Sie sind 1927 erschienen.

1922 Am 5. August beendet Lorca eine frühe Version der *Tragicomedia de don Cristóbal y la señá Rosita*, sein erstes Bühnenwerk.

1923 stellt Lorca die *Suites* (vorläufig) fertig. Sie sind erst postum veröffentlicht worden. Lorca entwirft den *Romancero gitano* und beginnt mit der Arbeit an der *Zapatera prodigiosa* und an *Mariana Pineda*. General Primo de Rivera übernimmt die Regierungsgewalt.

1924 Arbeit am *Romancero gitano*. Begegnungen mit Jorge Guillén, mit Rafael Alberti und mit Juan Ramón Jiménez, dem Dichterfürsten im damaligen Spanien (Nobelpreis 1956).

1925 Lorca stellt die 3. (definitive) Version der *Mariana Pineda* fertig.
Im September beendet er die letzte Sequenz der *Canciones*.

1926 Im Oktober übergibt Lorca Emilio Prados drei (z. T. unfertige) Manuskripte: *Poema del cante jondo*, *Suites* und *Canciones*. Veröffentlicht hat dieser nur die *Canciones*. Im November ist der *Romancero gitano* so gut wie abgeschlossen.

1927 Am 17. Mai erscheint *Canciones* in Málaga. Am 24. Juni findet die Uraufführung der *Mariana Pineda* in

Barcelona statt, mit Margarita Xirgu in der Hauptrolle. Den Herbst verbringt Lorca in Cadaqués an der Costa Brava, bei Salvador Dalí. Lorca zeichnet und malt surrealistische Bilder und stellt sie in einer Galerie Barcelonas aus. Im Oktober lernt Lorca in Madrid den gleichaltrigen Dichter Vicente Aleixandre kennen (Nobelpreis 1977). Góngora-Jubiläum in Madrid und Sevilla, wo Lorca Ignacio Sánchez Mejías kennen lernt.

1928 Ende Juli erscheint im Madrider Verlag Revista de Occidente der *Primer romancero gitano*. Im September erscheint *Mariana Pineda* in Madrid. Im Dezember beendet Lorca *Amor de don Perlimplín con Belisa en su jardín* und die *Tragicomedia de don Cristóbal y la señá Rosita*.

1929 Große literarische Auftritte in Granada. Erste Amerikareise, als Begleiter von Fernando de los Ríos. Von Juni 1929 bis Januar 1930 ist er als Student der Columbia University in New York, vorübergehend im Gliedstaat Vermont, in den Catskill Mountains. Lorca schreibt die Gedichte von *Poeta en Nueva York* und beginnt das Drama *Así que pasen cinco años*.

1930 Im Januar stellt Lorca *Poeta en Nueva York* nahezu fertig. Das Buch erscheint erst postum (1940) in Mexiko. Nach kurzem, glücklichem Kubaaufenthalt (7. März – Anfang Juni 1930) Rückkehr nach Spanien. Arbeit am Drama *El público*. Am 24. Dezember Uraufführung der *Zapatera prodigiosa* in Madrid, mit Margarita Xirgu in der Hauptrolle.

1931 Am 14. April wird die Zweite Republik ausgerufen. Lorca ist vom Ereignis begeistert. Am 23. Mai erscheint endlich das *Poema del cante jondo*. Im Sommer (Granada) beendet Lorca die Theaterstücke *El retablillo de don Cristóbal* und *Así que pasen cinco años*.

1932 Arbeit an *Tierra y luna* (*Diván del Tamarit*). Lorca hält Vorträge in zahlreichen spanischen Städten. Am 10. Juli geht das Studententheater La Barraca erstmals auf Tournee. Die Rechte wirft der Truppe marxistische Propaganda vor. Im Sommer schreibt Lorca *Bodas de sangre*. Im Dezember triumphale Aufführungen der Barraca in Madrid, unter dem Patronat des Kultusministers Fernando de los Ríos.

1933 Uraufführung von *Bodas de sangre* in Madrid. Lorca beginnt die Arbeit an *Yerma*. Das faschistische Blatt *El Fascio* greift in seiner ersten Nummer (März) Lorca und die Barraca scharf an. Zweite Amerikareise Lorcas (28. September 1933 – 24. Mai 1934), diesmal nach Süden. Riesenerfolg in Buenos Aires und Montevideo mit den »andalusischen« Gedichten und mit *Bodas de sangre*, mit Lola Membrives in der Hauptrolle.

1934 Noch in Südamerika schreibt Lorca im Februar in Montevideo an *Yerma* weiter. Wieder in Buenos Aires liest Lorca am 1. März nach einer Theatergala den ersten Akt dieses Dramas. Zurück in Madrid beendet er im Juli *Yerma* und im August den Gedichtband *Tierra y luna* und nennt ihn definitiv *Diván del Tamarit*. Am 11. August stirbt sein Freund, der Stierkämpfer Ignacio Sánchez Mejías, nach einer Verletzung in der Arena. Am 4. Dezember liest Lorca im Hause der Freunde Morla Lynch seine Elegie *Llanto por Ignacio Sánchez Mejías*. Am 29. Dezember erfolgreiche Uraufführung von *Yerma* in Madrid, mit Margarita Xirgu, unter Protesten der Rechtsextremen.

1935 Die Argentinierin Lola Membrives spielt am 27. Februar in Madrid *Bodas de sangre*, und am 18. März *La zapatera prodigiosa*. Anlässlich der 100. Aufführung von *Yerma* rezitiert Lorca am 12. März in Madrid seinen *Llanto por Ignacio Sánchez Mejías*, desgleichen in Sevilla. Ende April erscheint diese Elegie bei den Ediciones Arbol (Cruz y Raya) im Druck. Im Juni liest er im Haus Morla Lynch *Doña Rosita la soltera*, das er einen Monat zuvor fertiggestellt hatte. Im Juni liest Lorca Margarita Xirgu aus seinem Stück *Sin título* vor. Im

November schreibt Lorca in Valencia einige seiner *Sonetos del amor oscuro*. Uraufführung von *Doña Rosita* am 12. Dezember in Barcelona. Ende 1935 hat Lorca auf Wunsch von Altolaguirre den »sangbaren« Teil der *Suites* herausgelöst, die Auswahl erscheint unter dem Titel *Primeras canciones*.

1936 Am 21. Januar erscheint *Bodas de sangre* im Druck. Im April arbeitet Lorca an *La casa de Bernarda Alba*, das er am 19. Juni fertigstellt. Im Juni probt Lorca *Así que pasen cinco años*, doch das Stück kommt nicht zur Aufführung. Am 13. Juli, kurz vor dem Militärputsch, hinterlegt Lorca angesichts der politischen Krise bei José Bergamín in Madrid das Manuskript von *Poeta en Nueva York*. Gleichzeitig übergibt er den Entwurf von *El Público* an Rafael Martínez Nadal sowie die Entwürfe zu *Diván del Tamarit* an Rafael Rodríguez Rapún, den Sekretär der Barraca. Freunde überreden Lorca zur Ausreise nach Mexiko, er willigt ein, doch zuerst will er in Granada von seiner Familie Abschied nehmen. Am 17. Juli putscht das Militär, und es bricht der erbitterte Bürgerkrieg aus. Granada fällt sogleich in die Hände der Aufständischen. Lorca wird als Sympathisant der Republikaner verhaftet. Am 18. oder 19. August wird er auf Geheiß der Falangisten bei Viznar erschossen.

Bei Lorcas Tod sind die folgenden Werke noch ungedruckt:

- Die Jugendgedichte *Poemas juveniles* (erst 1994 von Christopher Maurer veröffentlicht; umfangreichste Lyriksammlung Lorcas).
- Die *Suites* (erstmals erschienen in der französischen Pléiade-Ausgabe von André Belamich, 1981; danach vom selben Herausgeber spanisch, 1983).
- *Odas*, *Poemas en prosa*, *Poeta en Nueva York*, *Diván del Tamarit*, *Sonetos del amor oscuro* erscheinen nach und nach, zunächst in ungesicherten Ausgaben.

- Außer *Mariana Pineda* und *Bodas de sangre* waren alle Dramen noch unveröffentlicht.
  Zu Lebzeiten des Autors waren nur *La zapatera prodigiosa* (Uraufführung 1924), *Mariana Pineda* (1926), *Bodas de sangre* (1933), die Marionettenstücke sowie *Yerma* (1934) aufgeführt worden.
- Eine erste Werkausgabe, im Exil betreut von Guillermo de Torre, ist bei Losada in Buenos Aires erschienen (1938 ff.). Eine kritische Ausgabe des Gesamtwerkes ist zur Zeit in Vorbereitung.

Wegmarken

Die Stationen dieses Dichterlebens und die Werke sind in der Zeittafel vermerkt. Hier sind noch einige Details nachzutragen. Zunächst gilt es festzustellen, dass der damals dominante Kanon für die Lyrik in der spanischsprachigen Welt der sogenannte Modernismo war, eine weitgehende Anpassung an den französischen Symbolismus. Doch Lorca hat sich dieser Bewegung nie angeschlossen, wie sich denn überhaupt für ihn kein maßgeblicher Kanon, keine ›Schule‹ benennen lassen. Zu den Vorbildern Lorcas gehörten allenfalls Juan Ramón Jiménez (1881–1958, Nobelpreis 1956), damals der bedeutendste Vertreter des Modernismo, und Antonio Machado (1875–1939), beide Andalusier.

Dementsprechend waren Lorcas Anfänge als Lyriker tastend. Nach Erscheinen des Erstlings, *Libro de poemas* (1921), quälte er sich mit den *Suites*, die ihm nicht gelingen wollten. Die Gedichte sind erst postum zu einem Buch komponiert worden. Sie sind Zeugnisse einer tiefen, auch existenziellen Unsicherheit, deren Grund zum Teil in der Erkenntnis seiner Homophilie liegt. Über die Zweifel an seinem Wesen und Schaffen hat ihn sein andalusisches Herkommen vorübergehend hinweggeholfen: Lorca, der sehr musikalisch war, ließ sich in Granada Gitarrenunterricht erteilen und lernte gut Klavier spielen. Vor allem in der Madrider Zeit, im Haus der chilenischen Freunde Morla Lynch, auch in der Residencia de Estudiantes bezauberte er seine Zuhörer mit dem Vortrag andalusischer Volkslieder, die er schon als Kind in Fuente Vaqueros gehört hatte. In seinen Werkausgaben stehen zahlreiche Beispiele mit Text und Noten, die er nach und nach gesammelt hatte. Die Begeisterung für Musik und Texte der andalusischen Folklore steigerte sich 1922 anlässlich des erwähnten Festival del cante jondo und nahm dann auch Einfluss auf sein weiteres Dichten. Sein geradezu musikethnologisches Interesse äußert sich zudem in seinen beachtlichen Vorträgen, etwa zu den *Nanas*, den Kinderschlummerliedern, oder zum *cante jondo*. Im November 1921 schrieb er innerhalb von 14 Tagen den Großteil des *Poema del cante jondo*. Da indes diese Gedichte erst viel später (1931) veröffentlicht wurden, konnte Lorca deren Echo beim Publikum nicht erkennen, sah somit auch nicht, dass dies ein für ihn vielversprechender Weg zum literarischen Erfolg wäre. Lorca schwankte weiterhin zwischen den reflexiven Gedichten seiner *Suites* und der volkstümlichen Tradition. Dennoch ist er Letzterer weiterhin gefolgt und schrieb in deren Geist die *Canciones* und den *Romancero gitano*. Als dann die *Zigeunerromanzen* in Madrid Ende Juli 1928 erschienen, fanden sie über Nacht in der spanischsprachigen Welt einen Erfolg, der seinesgleichen sucht. Das Erscheinen der leichter zugänglichen, ebenfalls »andalusischen« *Canciones* (1927) hatte die sensationelle Rezeption der *Zigeunerromanzen* vorbereitet.

Allerdings drohte der Erfolg Lorca ausschließlich auf dieses traditionelle Genre festzulegen, dabei hatte er inzwischen das Potenzial der Avantgarde entdeckt. Dank der regelmäßigen Gastvorträge renommierter Autoren aus dem In- und Ausland in der Madrider Residencia de Estudiantes, diesem weltoffenen Studenten- und Professorenheim, löste sich Lorca aus der Provinzialität seines Herkommens. Der Aufenthalt in Katalonien, 1927, machte ihn näher bekannt mit dem Surrealismus. Er entdeckte in sich den avantgardistischen Zeichner und Maler. Es ergab sich eine enge Freundschaft mit Salvador Dalí, mit dessen Schwester Ana María und später mit dem Filmemacher Luis Buñuel. Das Dilemma zwischen Tradition und Avantgarde äußerte sich unter anderem im Spott und Hohn, mit denen die Avantgardisten Dalí und Buñuel in ihren Briefen zu den *Zigeunerromanzen* ihren Freund übergossen. In der Folge sind die südspanische Thematik und Tonalität aus Lorcas Lyrik verschwunden und haben sich später nur noch in den drei bekannten andalusischen Dramen gehalten.

Als Lorca 1929 in Begleitung seines Mentors Fernando de los Ríos – immer wieder begegnet uns dessen Name an entscheidenden Wendepunkten – nach Amerika aufbrach, stand seine Option für die Avantgarde fest. Er unternahm, von Reisepanik geplagt, seine erste Auslandsreise, just mit dem Ziel New York, einem drastischen Gegenpol zu Lorcas Spanien. Dort schrieb oder entwarf er *Poeta en Nueva York*, das zum Teil später in Spanien fertiggestellt wurde. Das schwierige Buch hat eine abenteuerliche Editionsgeschichte (s. S. 176f.) und ist schon deshalb erst spät in seiner wilden Kühnheit erkannt worden. Mit dem anschließenden Aufenthalt auf Kuba, 1930, fand Lorca nach der Manhattan-Zeit seine kulturelle, hispanische Identität wieder. »Wenn ich verloren gehe, sucht mich in Andalusien oder in Kuba«, schrieb er im April 1930 aus Havanna an die Familie.

In den Jahren der Republik in Spanien (1931–36) widmete sich Lorca vor allem dem Theater. Mit der Studententruppe »La Barraca« zog er über Land und führte spanische Klassiker auf. Auch bei dieser wegweisenden Tätigkeit stand der zum Minister der Republik aufgestiegene

Fernando de los Ríos Pate. Durch diese Tätigkeit als Dramaturg, Regisseur und Schauspieler hat Lorca weitere Erfahrungen für sein eigenes Theaterschaffen gemacht. In dieser Zeit sind seine bekanntesten Dramen entstanden. Die erfolgreiche Aufführung von *Bluthochzeit* mit Lola Membrives in Buenos Aires war 1933 Anlass zu seiner zweiten Amerikareise, diesmal nach Argentinien und Uruguay. Lorca erlebt dort mit den Dramen, den Lesungen, den Hommagen einen apotheotischen Erfolg und ist fortan – endlich – finanziell vom Elternhaus unabhängig. Nie zuvor hatte Lorca einen solchen Triumph erlebt.

Die Rückkehr in ein politisch zerrissenes Spanien war weniger heiter. Lorca arbeitete am Plan eines *Buchs der Sonette*, das als verschollen gelten muss. Einige dieser Gedichte konnten 1969 als Entwürfe im Archiv der Familie wiedergefunden werden. Daraus haben die Herausgeber die *Sonetos del amor oscuro* veröffentlicht, ebenfalls postum. In einem dieser Gedichte bekannte sich Lorca erstmals dichterisch zu seiner Homophilie. Der Tod des Stierkämpfers Ignacio Sánchez Mejías (1934) war der traurige Anlass für Lorcas lyrisches Meisterwerk, seine Elegie auf diesen Freund (*Llanto por I. S. M.*, 1935). Die in ihrer Poetik ähnlichen Gedichte des *Diván del Tamarit*, des letzten Werks, das Lorca abschließen konnte, sind etwa zur gleichen Zeit entstanden. Sie sind erst postum erschienen (1940).

Wenige Wochen nach Ausbruch des Bürgerkriegs, eigentlich reisefertig für Mexiko, fährt Lorca von Madrid zu seiner Familie nach Granada. Am 16. August 1936 wird er dort von Franco-Anhängern verhaftet und zwei oder drei Tage später in der Nähe des Dorfes Víznar bei Granada erschossen. Man kann nur mutmaßen, was die Täter dazu bewogen haben mag: Lorcas Sympathie für die Republik, der Neid der Täter auf den »linken« Erfolgsautor, dessen Homophilie (im damaligen Spanien noch immer ein gravierendes Stigma), seine Parteinahme für die Zigeuner und die Schwarzen. (Seine antikapitalistischen und antiklerikalen Gedichte aus New York waren der Öffentlichkeit noch gar nicht bekannt.) Doch Lorca war nicht das einzige Opfer. Man muss den grauenvollen Kontext sehen: In den ersten Wochen nach dem Aufstand sind in ganz Spanien schätzungsweise 6800 Geistliche Opfer antiklerikaler Ausschreitungen geworden (Bernecker/Brinkmann 2006). Und auf der anderen Seite sind zwischen Juli 1936 und Oktober 1938 allein in Granada und Umgebung 1854 Männer und 73 Frauen erschossen worden. Davon sind 1480 von Militärgerichten verurteilt worden. Die restlichen 447 sind für die Monate Juli bis November als »descontrolados« (Unkontrollierte) aufgeführt, 170 allein im August. Einer von ihnen muss Federico García Lorca gewesen sein, der im Alter von 38 Jahren auf der Schwelle des Weltruhms stehende Dichter und Dramatiker aus Andalusien, einer der liebenswürdigsten und vitalsten Menschen seiner Generation. Er war sehr wohl Sympathisant der Republik, doch einer politischen Partei hat er nie angehört.

Nimmt man nochmals die Angaben zum Erscheinen von Lorcas Werken zur Kenntnis, die am Ende der Zeittafel stehen, wird ersichtlich, auf welch schmaler Basis die Zeitgenossen Lorcas sich ihr Urteil über ihn bilden mussten. Sie sahen nur den halben Mond, und auch dieser hat gereicht, für die Begeisterung wie für die Anfeindungen. Inzwischen, spät genug, können wir den ganzen Lorca erkennen. Im Zeichen des Nachruhms und der weltweiten Betroffenheit sind mehrere Biografien erschienen, die mehr zur Bildung falscher Mythen als zur Erhellung der Persönlichkeit und des Schaffens des großen Dichters beitrugen. Es war ein Ausländer, der Irländer namens Ian Gibson, der sich die Erkundung von Lorcas Leben und Tod zur Hauptaufgabe gemacht hat. Seine unübertroffene Biografie ist 1989 erschienen, 1991 in deutscher Fassung. Und Lorcas Werke? Unter General Franco waren sie lange Zeit tabu. Erst nach und nach sind vollständige und gesicherte Textausgaben erschienen. Besonders verdienstvoll ist die französische Pléiade-Ausgabe der *Œuvres complètes* in zwei Bänden (1981, 1990), betreut von André Belamich. Inzwischen sind auch in Spanien annähernd kritische Werkausgaben erschienen (bei Alianza, Madrid, und bei Galaxia Gutenberg, Barcelona).

Zu Lorcas Ruhm und Nachruhm

Lorcas Dramen und seiner Lyrik ist – nach Cervantes – der größte Rezeptionserfolg in Spaniens Literaturgeschichte beschieden (s. die Website www.garcia-lorca.org). Der postume Ruf Lorcas hat aus dem tragischen Skandalgeschehen seiner Erschießung starke, aber auch falsche Impulse erhalten. Im Nachkriegsspanien war deshalb der Verdacht verbreitet, Lorcas Größe sei bloß konjunkturell. Gerne hat man sich zwar dort im internationalen Ruhm für das eigene Land gesonnt, konnte sich aber vielfach nicht erklären, weshalb er ausgerechnet Lorca zugefallen war und nicht einem anderen unter den hervorragenden Vertretern der begnadeten Dichtergeneration, die sich in den 20er-Jahren und danach entfaltet hatte. Zu dieser sogenannten Generación del 27 zählten als Leitfiguren, neben Lorca, Pedro Salinas, Jorge Guillén, Gerardo Diego, Dámaso Alonso, Vicente Aleixandre (Nobelpreis 1977), Emilio Prados, Rafael Alberti, Luis Cernuda, Manuel Altolaguirre, alle zwischen 1891 und 1905 geboren. Zu 1927: Es war das Jahr, in dem sich der Tod des Luis de Góngora zum 300. Mal jährte. Die erwähnte Dichtergeneration wollte mit der öffentlichen Ehrung des hermetischen Barockdichters ihren Bruch mit der herkömmlichen Dichtung Spaniens bekunden und hat in Madrid und Sevilla zum Teil Happenings, aber auch anspruchsvolle kulturelle Anlässe veranstaltet. Daher der Name 27er-Generation.

Man bezeichnet sie auch als Generation Guillén–Lorca. Dass der Ruhm so rasch und so lärmend Lorca zufiel, hängt gewiss auch damit zusammen, dass seine absurde Ermordung nicht anders als politisch gedeutet werden konnte. Für alle Welt war offenbar, dass hier einmal mehr der Stiefelabsatz ein Dichterantlitz getreten hatte. Pardel und Taube, Schwert und Geist, schneidende Ordnung und schöpferische Unordnung, sie waren wieder einmal die Gegner im ungleichen Kampf. Indes, für Lorcas Zeitgenossen, die ihn persönlich kannten, gab es noch einen weiteren Grund für seinen Erfolg: seine besondere Ausstrahlung und sein persönlicher Zauber. In ungezählten Erinnerungsblättern und Briefen begegnen wir Zeugnissen von seiner spontanen, beglückenden Geselligkeit, seiner Gabe mitzureißen, zu begeistern, seiner geradezu ansteckenden Kreativität. Lorca war zudem – wir sagten es schon – ein großer Bekenner der oralen Literatur, der Rezitation, der Improvisation. Ein weiterer, dauerhafterer Grund dafür, dass Lorcas Ruhm breiter war als der seiner Generationsgefährten, kann gattungsmäßig erklärt werden: Er war der Einzige von ihnen, der auch erfolgreiches Theater geschrieben hat, und die Bühne sorgt bekanntlich für mehr Publikum als die Lyrik.

Lorcas Größe, zunächst nur Gerücht, wurde denn auch erst dann zur Gewissheit, als die Verleger, Herausgeber und Übersetzer das Werk gedruckt vorlegten, Band um Band: *Bodas de sangre* (1935), *Yerma* (auch 1935), *La casa de Bernarda Alba* (1945, gesicherte Edition erst 1981). Vor allem die *Zigeunerromanzen* hatten 1928 sogleich fasziniertes Erstaunen erweckt, auch auf dem Umweg der Übersetzung in andere Sprachen, denn die Plastizität der Bilder, ihre Exotik und Dramatik schienen gut übersetzbar (was sie in Wirklichkeit keineswegs sind). Der gekonnt instrumentierte Anschlag Lorcas an die Klangkörper des Primitiven, Urmenschlichen, Unterbewussten ergab Schallwellen, die alle Sprach- und Kulturgrenzen überspielten. Was dann noch in diesen Dichtungen an unverstandenem Rest bleiben mochte, das durfte unter dem Etikett des Avantgardismus, des Surrealismus, unverstanden und unerklärt bleiben oder schlicht der alten Hermetik zugeordnet werden. Allerdings, was zugänglich erschien, führte in Spanien das breite, mit dem Sinnlich-Ungefähren zufriedene Publikum zu einem neuen Trugschluss: Lorcas Umgang mit der volkstümlichen Dichtung erweckte den Anschein, seine Lyrik ließe sich leicht nachahmen. Der bedauerliche *lorquismo* bei Schlagersängern und in Flamenco-Darbietungen ließ lange Zeit hindurch manchen Spanier an der echten Größe und Tiefe von Lorcas Dichtung zweifeln.

Doch wenn schließlich auch dieses Missverständnis beseitigt ist, dann steht Lorca endlich dort, wo er sich selber haben wollte: Nicht in der Politik, nicht im Gerangel der Ideologien, schon gar nicht in der Touristenfolklore Andalusiens, sondern allein im Bereich der Kunst. Darunter darf allerdings kein *l'art pour l'art* verstanden werden, denn unmissverständliche Aussagen und Handlungen bezeugen, dass der Granadiner sich in zunehmendem Maße in den letzten Jahren seines Lebens, namentlich während Spaniens Zweiter Republik (1931–36), zur gesellschaftlichen Verantwortung auch des Dichters bekannte.

Über Lorcas Dichten

Die Nähe von Lorcas Lyrik zu der reichen Tradition volkstümlicher Literatur in Spanien ist bekannt. Auch in anderen Ländern hat, namentlich seit der Romantik, das Liedgut als Fundus für hohe Dichtung gedient. Seit den Avantgarden im 20. Jahrhundert allerdings geriet dieses Verfahren in Verruf. Auch Lorca – wir sagten es schon – wurde gelegentlich vorgehalten, er schreibe Folklore-Dichtung. Doch bei Lorca ist zu beobachten, dass bei seinen Anleihen aus der Folklore diese kaum textuelle Spuren hinterlässt, dass hingegen formale Elemente (Metrik, Ton, Strophik) fassbare Indizien für die Volkstümlichkeit sind. Es gibt ferner die Montage von volkstümlichen Zitaten oder Kehrreimen, die dann meistens typografisch als solche gekennzeichnet sind (s. als Beispiel Lorcas »Baile«). Es gibt sodann die Übernahme eines Motivs aus einer volkstümlichen Vorlage, dessen Ursprung trotz gewisser Nuancierungen oder ironisierender Variationen noch erkennbar bleibt (s. »La casada infiel«). Für die spanischen Modernisierer des Volkstums – neben Lorca auch Rafael Alberti – ist entscheidend, dass dabei meistens eine Ausgestaltung oder eine Überhöhung erfolgt, oft ins Mythische. Lorca liefert uns dafür einige Paradebeispiele (z. B. »Preciosa y el aire«). Nicht immer lässt sich erkennen, in welcher Weise Lorca das Volkstum zitiert oder überhöht. Oft sind es nur strukturelle Übereinstimmungen: Die Mischung von Sakralem und Profanem, das Herstellen von ›Unzusammenhang‹ im Ablauf des Gedichts, das Verfahren der bloßen Anspielung und die lakonische Redeweise, die Dialogform, die Kehrreime. Art und Grad der Überhöhung lässt sich am deutlichsten dort ablesen, wo Lorcas Poetik den stärksten Einsatz verrät: bei den Bildern nämlich. Auf allen Stufen – Beiwort, Metapher, Symbol, Motiv, Mythos – lassen sich eindrückliche Beispiele für die schöpferisch aus dem Volkstum hinaufverwandelte Bildfindung erkennen. Die Originalität des Neopopularismo – so hat die Literaturwissenschaft diese Stilrichtung benannt – beruht auf der Entdeckung, dass in der spanischen, besonders der andalusischen *poesía popular* Züge moderner Lyrik vorweggenommen wurden.

Indes, erst nach dem Vorliegen aller Gedichttexte Lorcas konnte erkannt werden, dass seine Originalität sich auch anderweitig zeigt. Ohne Bemühen eines auffälligen Wortschatzes, ohne Spreizung des Satzgefüges, ohne »Poeterey« irgendwelcher Art, sondern allein durch die

Findung und die Abfolge von Bildern, denen er seine Gefühle, seine Ängste wie seine Lebensfreude anvertrauen wollte, hat er unverkennbar eigene Texte geschaffen, die zum Eindrücklichsten gehören, was das 20. Jahrhundert an Dichtung hervorgebracht hat. Aus dem Streifzug durch Lorcas Werk, den diese Auswahl darstellt, dürfte hervorgehen, dass Lorcas Größe nicht im Bereich des Gedanklichen oder des Ethischen zu suchen ist, auch nicht im politischen Engagement. Sie ist vielmehr im Bereich der künstlerischen Gestaltung und der Reflexion über sein eigenes, so zwiegespaltenes Wesen zu finden. Freilich stand Lorca einem humanitären Sozialismus in zunehmendem Maße nahe, gewiss bezeichnete er sich in einem der letzten Interviews als Freund der Armen, der guten Armen. Doch sogleich nimmt er alles zurück, was als Parteilichkeit hätte verstanden werden können. Auf die Frage, wie er es mit der eigenen Nation und mit der Brüderlichkeit über die Grenzen hin halte, gibt Lorca zur Antwort: »Ich bin ganz und gar Spanier, und es wäre mir unmöglich, außerhalb meiner geografischen Grenzen zu leben; aber ich hasse den, der Spanier ist, nur um Spanier und sonst nichts zu sein. Ich bin der Bruder aller und verabscheue den Menschen, der für eine abstrakte nationalistische Idee sich nur deshalb opfert, weil er sein Vaterland mit einer Binde um die Augen liebt.«

Zu den Editionen

»Ein vorgutenbergischer Barde«, so hat Lorcas Dichterfreund Jorge Guillén dessen seltsames Unvermögen umschrieben, seine Texte, vor allem die Gedichte, in eine druckfertige Form zu bringen. Lorca hat diese Schwäche selber mehrmals beklagt. Vor allem hatte er eine nahezu unleserliche Handschrift. Für ihn waren Niederschriften lediglich Notate für den mündlichen Vortrag der Gedichte, was Lorca übrigens glänzend konnte. Lorca war ein zutiefst oraler, auf das Sprechen bedachter Dichter. Daher legte er wenig Wert auf korrekte Interpunktion und Orthografie, ebenso wenig auf konsequente Auszeichnung seiner Manuskripte (Anführungszeichen, Bindestriche, Absätze, Anfangsmajuskeln, Einzüge, usw.). Aufschlussreich für diese scheinbare Nachlässigkeit ist eine Stelle in einem Brief an Jorge Guillén aus dem Jahr 1927: Lorca wolle seine »Gedichte nicht endgültig tot ... ich meine publiziert sehen«. Die Schwierigkeiten, mit denen die Herausgeber einer kritischen Textausgabe zu kämpfen haben, ihre endlosen Querelen über eine textuelle »Richtigkeit«, die es gar nicht geben kann, waren die Folge. Nachstehend findet der Leser Ausführungen zu Genese und Schicksal von Lorcas Büchern. Die Reihung entspricht der Chronologie ihrer Entstehung.

Das LIBRO DE POEMAS ist Lorcas erste Gedichtpublikation. Die 68 Stücke sind in den Jahren 1918 bis 1920 entstanden, als der Andalusier sich hauptsächlich in Madrid aufhielt, zu Studienzwecken, wie sein Vater hoffte. Als dieser erfuhr, dass sein Sohn sich in Madrid lieber literarisch betätigte, kam er dessen Wunsch nach und finanzierte die Drucklegung dieser Jugendgedichte. Das Buch ist 1921 in Madrid erschienen. Der Herausgeber und Verleger García Maroto musste mit den erwähnten grafischen Schwierigkeiten fertig werden. Als Lorca im letzten Moment wieder Hemmungen zeigte, seine ersten Gedichte publiziert zu sehen, musste García Maroto sie ihm buchstäblich aus den Händen reißen.

Die mit dem französischen Ausdruck SUITES benannte Gedichtsammlung Lorcas hat von allen seinen Büchern das seltsamste Schicksal. Die Rolle, die dabei Emilio Prados gespielt hat, wird unten erwähnt. Die *Suites* haben nach ihrem Erscheinen 1983 das Bild, das man sich vom »andalusischen« Lorca bis dahin gemacht hatte, spät aber nachhaltig verändert, zumal in Spanien. Deshalb dürfen Gedichte aus den *Suites* in der vorliegenden Auswahl nicht fehlen. Sie sind hauptsächlich in den Jahren 1920 bis 1923 entstanden. Das Buch mit diesen Gedichten existierte zunächst nur in Lorcas Briefen. Mit ihren heute 181 Stücken – die Herausgeber haben sie in 28 Zyklen gegliedert – ist es, abgesehen von den Jugendgedichten, die umfangreichste Sammlung von Lorca-Gedichten. Dem Dichter war bei zahlreichen Stücken die Zuordnung, sei's zu den *Canciones*, sei's zu den *Suites*, ungewiss. Im Frühjahr 1936, wenige Monate vor Lorcas Ermordung, hat der Dichter Manuel Altolaguirre einige dieser Gedichte, 16 an der Zahl, seinem Freund Lorca abgebettelt und unter dem selbsterfundenen Titel PRIMERAS CANCIONES in Madrid (Ed. Héroe) veröffentlicht. Eine geordnete und geschlossene, von Lorca durchredigierte Sammlung der *Suites* ist nicht erhalten. André Belamich, der Herausgeber der französischen Pléiade-Ausgabe von Lorcas Werken (1981), hat in jahrelanger Kleinarbeit das Buch in einer glaubwürdigen Form rekonstruiert und die Gedichte in eine möglichst chronologische Reihe gestellt. Erst 1983, sechzig Jahre nach deren Entstehung, ist in Barcelona (Ariel) die spanische Ausgabe der *Suites* erschienen, vom selben französischen Hispanisten herausgegeben. Dieser entnehmen wir unsere Originale. Miguel García-Posada (1996) hat die Sammlung anhand von Manuskripten im Lorca-Archiv weiter ergänzt.

Drei Gedichtprojekte verfolgte Lorca seit 1921 gleichzeitig und nebeneinander: Das Liederbuch der *Canciones*, die später so bezeichneten *Suites*, und das *Poema del cante jondo*. Am schnellsten war Lorca mit den *cante-jondo*-Gedichten fertig, denn ihr Erscheinen war geplant für das Flamenco-Festival in Granada, 1922. Fünf Jahre lang schrieb Lorca – unentschlossen und wankelmütig – an diesen drei Projekten weiter. 1924 kam noch ein viertes hinzu: die *Zigeunerromanzen*. Im Oktober 1926 – Lorca wurde erst 1928 schlagartig berühmt, als das letztgenannte Buch erschien – nimmt der Dichterfreund und Verleger Emilio Prados drei Lorca-Manuskripte von Granada mit nach Málaga, nämlich das *Poema del cante jondo*, die *Suites* und die *Canciones*. Publiziert hat Prados damals jedoch nur die *Canciones*. Da die anderen beiden Manuskripte ihm zu unleserlich waren, ließ Prados sie einfach liegen, sehr zum Verdruss Lorcas.

Die schließlich 1927 von Emilio Prados in Málaga edierten CANCIONES sind ein andalusisches Liederbuch. Es hat die Leserschaft vorbereitet auf die im Jahr danach erstmals publizierten *Zigeunerromanzen*. Die Editionsgeschichte der *Canciones* ist, wie wir sahen, etwas einfacher. Die erste Auflage ist Mitte Mai 1927 in Málaga erschienen, eine zweite, leicht veränderte 1929 in Madrid. Gewidmet ist das Buch den Freunden und Generationsgefährten Pedro Salinas, Jorge Guillén und Melchor Fernández Almagro. Diesem gegenüber hat Lorca 1927 geäußert, er sei zufrieden, es sei kein zigeunerisches Buch (»No es un libro gitanístico«). Zeitlich zwischen den beiden Auflagen ist (1928) der *Primer romancero gitano* erschienen, der just wegen seiner Zigeunerwelt so berühmt werden sollte.

Das POEMA DEL CANTE JONDO mit seinen 56 Stücken, die er in zehn Sektionen gliederte, hat Lorca zur Hauptsache im Jahr 1921 geschrieben. Während er sich mit seinen *Suites* abmühte, die ihm nicht gelingen wollten, freundete er sich mit dem schon damals berühmten Musiker Manuel de Falla an und nahm Gitarrenunterricht. So fand Lorca engeren Kontakt mit der Flamenco-Musik. Zusammen mit de Falla hat er, wie erwähnt, in Granada 1922 ein Festival del cante jondo organisiert. Begeistert schrieb er im November 1921 die meisten Gedichte dieses Zyklus nieder. Sie sollten ursprünglich schon zu diesem Festival erscheinen, in Buchform lagen sie jedoch, nach mehrfacher Überarbeitung, erst 1931 vor.

Die Entstehungs- und Editionsgeschichte des ROMAN-

CERO GITANO, dieses Erfolgsbuches Lorcas, ist vergleichsweise einfach. Als Entstehungsjahre gibt Lorca selber auf dem Titelblatt 1924–27 an. Er kündigt gegenüber Freunden die bevorstehende Fertigstellung des Bandes an und sagt, danach werde er »niemals, niemals wieder an dieses Sujet rühren!«. Aus den Archiven und der Korrespondenz Lorcas ersieht man, dass er den Plan zu einem Buch mit Zigeunerromanzen in der Tat 1924 gefasst und in jenem Sommer eine ganze Anzahl dieser Romanzen geschrieben hat. Das Schlüsseljahr war jedoch 1926, und 1927 das Jahr der Korrekturen. Lorca hat in diesem Fall besonders oft Einzelgedichte links und rechts verschenkt und in Zeitschriften veröffentlichen lassen. Die Romanzen zirkulierten deshalb in Andalusien schon vor der Buchedition. Anlässlich des Góngora-Jubiläums in Sevilla (1927, s. S. 165 f.) hat Lorca einzelne Romanzen öffentlich vorgetragen und erstmals frenetischen Beifall erlebt. Seit 1927 stand Lorcas Romanzensammlung bei Revista de Occidente unter Vertrag, doch das Jahr verstrich ohne Einlieferung des Manuskripts. Als im Januar 1928 Lorcas Freund Martínez Nadal dieses anmahnte, zog Lorca das ganze Bündel aus der Schublade und gestand verzweifelt sein Unvermögen, es druckfertig zu machen. Martínez Nadal nahm es an sich, kopierte es mit Maschine, legte es Lorca zur letzten Korrektur vor, schrieb die Texte nochmals ab und übergab sie dem Verlag. Diese Reinschrift sowie die ursprüngliche Vorlage Lorcas sind seither verschollen. Lorca hat wie üblich nur nachlässig Korrektur gelesen. Die recht fehlerhafte Erstausgabe ist im Juli 1928 erschienen, im gleichen Verlag eine zweite, leicht korrigierte Auflage 1929.

Lorca wurde über Nacht eine nationale Berühmtheit. Der angesehene Kritiker und Philologe Amado Alonso sagte 1945 ohne Zögern: »Das Buch hat in den letzten hundert Jahren den größten Einfluss auf die Dichtung Spaniens und Spanisch Amerikas ausgeübt.« Der Weltruhm, der nach und nach eintrat, hat Lorca auf diese andalusische, neopopularistische Dichtung festgelegt, was ihm in zunehmendem Maße lästig wurde. Doch die *Zigeunerromanzen* sind nicht allein Lorcas berühmtestes Buch, sie sind einer der erfolgreichsten Lyrikbände der Weltliteratur überhaupt. Bis 1936, also noch zu Lebzeiten des Dichters, lagen vier Ausgaben in Spanien vor und zwei in Argentinien. Die Lorca-Stiftung in Madrid verwahrt inzwischen rund 50 Buchausgaben, die Übersetzungen eingeschlossen. 2006 waren in Spanien noch immer sieben verschiedene Ausgaben lieferbar.

Über diesen raschen Erfolg konnte sich Lorca nicht lange freuen, und wir kennen den Grund. Noch als die Romanzen erst angekündigt waren, schrieb er an den erwähnten Jorge Guillén: »Ich bin entsetzt, denn sie sind fürchterlich schlecht« (8. November 1926). Man kann dies als *captatio benevolentiae* lesen, aber auch als echtes Geständnis. Denn Lorca war ein sehr gut informierter Zeitgenosse und wusste um den europaweiten Vormarsch der Avantgarden, auch in Spanien. Und er hat später bewiesen, dass auch er zu den Erneuerern der Künste zählen wollte. Seine Freunde Salvador Dalí und Luis Buñuel, der Filmemacher, beides exzentrische Avantgardisten, Freunde aus der Residencia de Estudiantes, bekundeten denn auch in Briefen ihr Entsetzen über den folkloristischen Reaktionär und Verräter Lorca. Als dieser Buñuels Skandalfilm *Un perro andaluz* (*Un chien andalou*, 1929) sah, verfolgte ihn die Obsession, mit diesem »Hund« sei er, Lorca, gemeint. Indes, der Sog von Lorcas Publikumserfolg war stark und nachhaltig, der »Zigeuner« saß fest. Das Dilemma war noch während des denkwürdigen Südamerika-Aufenthaltes (1932/33) ungelöst. Die Ovationen für Lorcas »andalusisches« Schaffen, die *Zigeunerromanzen* und das Drama *Bodas de sangre* zuvorderst, würgten dort jeden Versuch Lorcas ab, auch sein avantgardistisches Schaffen vorzuführen, etwa eine Lesung seines Dramas *El público*. Ein privater, vielleicht trivialer

Aspekt darf dabei allerdings nicht vergessen werden: Lorca hat dank seiner »andalusischen« Werke erstmals Geld verdient. Noch seine Reise nach New York (1929/30) hatte der Vater finanzieren müssen. Doch nun konnte er seinen Eltern aus Buenos Aires endlich schreiben, er sei im Begriff, ein reicher Mann (und damit vom Elternhaus unabhängig) zu werden.

Der Form der ODEN hat sich Lorca zwischen 1924 und 1929 zugewandt, in einer Zeit, da er zwischen Tradition und Avantgarde schwankte. In den Werkausgaben hat man fünf Oden als Einheit ausgegliedert, zwei weitere gehören dem Buch *Dichter in New York* an. In seinen Oden hat Lorca eine klassische Form vorgefunden, sie aber mit Elementen des Surrealismus durchsetzt, mit dessen befreiendem »Instinkt« und seiner »von der Realität abgekoppelten Phantasie« (Brief an J. Zalamea im Herbst 1928). Doch der besondere, hohe Ton der Ode sollte ihn, so hoffte Lorca noch, vor den Monstern seines Unterbewussten schützen. Die *Odas* sind Lorcas einzige Kompositionen in Langversen.

Die heute rund 40 unter dem Titel POETA EN NUEVA YORK versammelten Gedichte sind zur Hauptsache in den Jahren 1929–30 in New York entstanden. Zum Teil sind sie nach der Rückkehr Lorcas nach Spanien noch überarbeitet worden. Es ist ein Buch des Widerstands und des Protests. Der Surrealismus mit seiner Revolte gegen die ungerechte soziale Ordnung und gegen das Diktat des Rationalismus bot Lorca die beste Möglichkeit, diesen Protest in Verse zu fassen. Die meisten Texte verlieren allerdings bei genauerem und wiederholtem Hinsehen ihre Hermetik, es sind Zeugnisse eines *Surrealismo – ma non troppo*, wie man in Anlehnung an ein Wort von Jorge Guillén sagen könnte. Tatsächlich hat Lorca mit seinen Zeichnungen, mit dem Drehbuch für den Film *Viaje a la luna* (1929, *Reise zum Mond*) die auf Diskontinuität und Dissonanz bedachten Forderungen der Surrealisten viel deutlicher umgesetzt als hier. Von einer Anverwandlung von Träumen und von der »écriture automatique« André Bretons hat Lorca sich ausdrücklich distanziert. Die Anordnung der Gedichte in zehn Teile täuscht einen Reisebericht vor. Belamich (1981) und Koppenfels (2000, Nachwort) lesen die Texte zu Recht anders, als eine »Einführung in den Tod« nämlich. (»Introducción a la muerte« war einer der Titel, die Lorca für dieses Buch erwogen hatte. Teil VI des Gedichtbandes trägt eben diese Überschrift auch in Lorcas Original). Der Tod, dem wir in Lorcas »andalusischen« Werken als würdevoller Figur begegnen, tritt hier als widerwärtige, hassenswerte Fratze auf. Seltsam mutet an, dass Lorca in seinen Briefen nach Spanien ein zumeist heiteres Bild von New York entwarf.

Erschienen sind die Gedichte erst postum in Mexiko, 1940, zehn Jahre später. Und auch damit war die Editionsgeschichte noch nicht beendet. Es ist die abenteuerlichste unter allen und die verschiedenen Herausgeber sind sich noch heute nicht einig, denn eine »Richtigkeit« der Texte kann es bei der zunächst so prekären Überlieferung gar nicht geben. Die Rätselaufgaben begannen schon mit der bei Lorca üblichen Unleserlichkeit der Manuskripte, denn in den sechs Jahren zwischen Niederschrift und Tod hatte Lorca zahlreiche Korrekturen dazugekritzelt. Im Frühjahr 1936 übergab er, angesichts des drohenden Bürgerkriegs, das Bündel sicherheitshalber seinem Freund und Verleger José Bergamín. Dieser nahm es mit ins Exil nach Mexiko und dort, im Eigenverlag Seneca, hat er es im Juni 1940 veröffentlicht. Kurz davor hatte der Verleger Norton in New York eine zweisprachige Edition publiziert, die auf demselben Manuskript basierte wie die Seneca-Ausgabe, doch die beiden Texte wichen voneinander ab. Dadurch war die »Erstausgabe« bei Seneca diskreditiert und die Diskussionen über Gliederung, Reihenfolge, Wortlaut einzelner Gedichte rissen nicht mehr ab. Doch dann hat sich die Lage verändert, denn im Jahr 1996 wurde überraschend Lorcas originales Manuskriptbündel in Mexiko wiedergefunden. Es ist bis jetzt unveröffentlicht und befindet sich inzwischen im Besitz der Fundación Federico García Lorca in Madrid. Christopher Maurer hatte Zugang dazu und hat auf dieser Basis eine neue zweisprachige Ausgabe hergestellt (Farrar Straus Giroux, New York 1998). Die Seneca-Ausgabe erwies sich nun für die Anordnung der Gedichte als tauglicher. Seither gilt die Edition von Christopher Maurer als zuverlässigste Grundlage. Die mit Faksimiles ergänzte schöne Folio-Ausgabe von Mario Hernández (Tabapress, Madrid 1990) ist sechs Jahre vor dem Fund des Seneca-Originals erschienen, konnte demnach darauf noch keine Rücksicht nehmen. Die Tabapress-Ausgabe basiert also nicht auf Seneca, sondern auf einzelnen Manuskriptblättern, die sich schon vorher im Besitz der erwähnten Lorca-Stiftung befanden. Das Gleiche gilt natürlich für die noch vor dem Fund des Originals entstandene »kritische« Edition von Miguel García-Posada (Barcelona 1996).

Auch die Übersetzer haben einen wichtigen Anteil an der Erhellung der teilweise schwierigen Texte, allen voran der Franzose André Belamich (Paris 1981) und neuerdings der Deutsche Martin von Koppenfels (Suhrkamp, Frankfurt a. M. 2000 und 2005), der sich auf die Edition von Maurer verlässt. Für die vorliegende Ausgabe stützen wir uns dennoch auf die Edition von Miguel García-Posada (Barcelona 1996), denn die Auffindung von Lorcas Original ist fast nur für die Gliederung des Buches in Kapitel, für deren Überschriften und für die Reihenfolge der Gedichte von Belang. Der Wortlaut der einzelnen Texte hingegen ist bei García-Posada (1996) sozusagen gleich wie bei Maurer (1998), also wie in Lorcas Original. Da in einer Auswahl wie der unseren die ursprüngliche Anordnung der Gedichte keine Rolle spielt, wohl aber der möglichst genaue Wortlaut, ist unsere Wahl auf García-Posada (1996) gefallen. Martin von Koppenfels hat *Dichter in*

New York mit seiner Übertragung und seinem Nachwort (2000) als Erster für den deutschen Leser erschlossen, denn Enrique Beck fehlten für seine Eindeutschung (Insel, 1936) sowohl ein gültiger Originaltext wie auch das Verständnis für diesen anderen Lorca.

TIERRA Y LUNA (1931–34) ist der Torso eines von Lorca geplanten Buches, dessen Stücke er schließlich zum großen Teil dem Band *Poeta en Nueva York* zugeordnet hat.

DIVÁN DEL TAMARIT war zunächst als Teil der *Suites* gedacht und teilt mit diesen den meditativen Gehalt. Spät erst hat Lorca entschieden, daraus ein eigenes Buch zu machen. Es ist zweigeteilt: 12 »Gacelas« und 9 »Casidas«. Entstanden sind die Gedichte nach und nach, neben Lorcas intensiver Arbeit für das Theater, zwischen August 1931 und Spätsommer 1934. Äußerlich besehen ist dieses Buch Lorcas eine pseudo-orientalische Maskerade, wo nur der Rahmen auf maurische oder persische Reminiszenzen verweist. Es steht nämlich fest, dass Lorca die Gedichte zunächst nicht so bezeichnet hatte. Eine Begegnung mit dem Orientalisten Emilio García Gómez brachte Lorca auf den Gedanken, diese Gedichte in einem »Diwan« (einer Anthologie) zu versammeln, zu Ehren der muselmanischen Dichter in Granadas Mittelalter. García Gómez hat persönlich die Reinschrift besorgt und es sollte eine Veröffentlichung der Universität Granada werden. Die Gazels waren schon gedruckt, als die Politik sich einmischte. Im Jahr 1935 war die Publikation eines Buches von einem »roten« Autor (gemeint war Lorca) für die konservative Fakultät indiskutabel. Erst nach dem Bürgerkrieg, 1940, konnte Lorcas Schwester Concha die Texte mit nach New York nehmen, wo die Familie im Exil lebte. Dort sind die Gedichte 1940 im Juli-Oktober-Heft (Jg. VI, Nr. 3–4) der *Revista Hispánica Moderna* erschienen. – Der Einklang Lorcas mit der arabisch-andalusischen Dichtung liegt nicht in der Form. Lorca suchte vielmehr eine thematische Übereinstimmung mit dieser faszinierenden Tradition: das

Spiel mit dem Wasser, das Lob der Blumen und Vögel, die Lebenslust und – die Todesangst. Lorca war in diesen Zyklen demnach frei von Einflüssen und war ganz bei sich selber. Mit diesem ruhigen, gefassten *Diwan* hat Lorca nach der aufgeregten New Yorker Zeit in sein heimisches Granada zurückgefunden.

LLANTO POR IGNACIO SÁNCHEZ MEJÍAS ist die ergreifende Elegie auf den in der Arena getöteten Stierkämpfer, Mäzen und Literaturfreund. Der andalusische Gutsbesitzer hatte sich 1927 in Sevilla als Gastgeber und Gönner an den Festlichkeiten zur 300. Wiederkehr von Góngoras Todestag beteiligt. Lorca war mit ihm seither befreundet und hat ihn zwei Jahre später in New York wiedergesehen. Sánchez Mejías hatte sich schon von der Arena zurückgezogen, als er sich am 11. August 1934, im Alter von 43 Jahren, in Manzanares nochmals einem Kampf stellte und dabei einen tödlichen Unfall erlitt. Lorcas lange Elegie ist eine tiefgründige Totenklage für den Freund, in der sich surrealistische Imaginationsfreiheit mit andalusischer Bildmagie zu einer ungeahnten Wirkung vereinen. Dem in seinem Werk allgegenwärtigen Todesmotiv hat Lorca hier bleibenden Ausdruck verliehen.

SONETOS (1924–36): Nachdem Lorca schon in seiner Jugend eine Anzahl Sonette geschrieben hatte und auch später gelegentlich wieder, fasste er in New York den Entschluss, die alten und neue Sonette in einer Sammlung zu vereinen. Im Juli 1936, kurz vor seiner fatalen Abreise nach Granada, hat Lorca neuere Sonette im Freundeskreis vorgetragen. Er übergab das Manuskript seinem Freund Rafael Rodríguez Rapún, der dann im Bürgerkrieg auf der republikanischen Seite gefallen ist. Das Lorca-Skript ist mit Rapúns Madrider Haus von den Bomben zerstört worden. An diesem Projekt arbeitete Lorca noch im August 1936 in Granada, als er sich im Haus von Luis Rosales in Sicherheit wähnte. So ist denn das Libro de sonetos nur ein Plan geblieben. Doch nach mühsamer Suche in den Archiven sind 1969 Entwürfe zu diesen Texten zum Vorschein gekommen und dank weiterer Ausgrabungen sind schließlich 11 Sonette zusammengekommen. Es sind vermutlich nicht alle, die vorhandenen beruhen zudem auf höchst ungesichertem, kaum lesbarem Text. Sie wurden unter dem (nicht von Lorca stammenden) Titel *Sonetos del Amor Oscuro* 1980 veröffentlicht. Entstanden sind sie 1935–36, nachdem Lorca sich monatelang ausschließlich seinen Dramen gewidmet hatte. Als am 17. März 1984 diese Sonette in einer Beilage der Madrider Zeitung *ABC* in der wohl definitiven Fassung von García-Posada einem breiten Publikum vorgestellt wurden, gab es einen Skandal. Noch immer – Franco war 1975 gestorben – war nämlich Homophilie in Spanien tabu. Um diese Sonette vom Vorurteil zu befreien, bei der »dunklen Liebe« handle es sich um Lorcas Homosexualität, hatten die Erben gewünscht, der Titel sollte schlicht »Sonetos« lauten. Vergeblich. Die Aufregung um ein vermeintliches Outing des großen Dichters hat zunächst die Schönheit dieser Sonette überblendet. Lorca hat nämlich die klassische, steife Form des Sonetts durch Verwendung der Umgangssprache erneuert, belebt und verjüngt.

Zum Übersetzen

Noch ein Wort zum Übersetzen von Lyrik. Soll man dabei frühere Übersetzungen zur Kenntnis nehmen? Dazu hat Felix Philipp Ingold Treffendes gesagt: »Die Übersetzung dichterischer Texte ist eine Daueraufgabe, eine Aufgabe, die nie definitiv erfüllt sein wird, weil kein Original in seinem Formenbestand und Ideengehalt zur Gänze in die Zielsprache einzubringen ist. So besehen hätte jeder Übersetzer, jede Übersetzerin denen zu danken, die sich, in welcher Phase und mit welchem Ergebnis auch immer, jener Aufgabe gewidmet haben.« (*Neue Zürcher Zeitung*,

Nr. 255, 1. November 2005, S. 41.) In diesem Sinne zu danken habe ich einer ganzen Reihe von Übersetzern, zeitlich allen voran Jean Gebser (1936) und auch dem eigensinnigen Enrique Beck (1938 bis 1982), sodann Rudolf Wittkopf und Lothar Klünner (1990), Gertrud Falk (1996), Martin von Koppenfels (2000 und 2002) sowie den Übersetzungskritikern Klaus Pörtl (1974) und Ernst Rudin (1997 und 2000). Enrique Beck, dessen Übersetzungen das Lorca-Bild im deutschen Sprachraum nachhaltig geprägt und leider auch verzerrt haben, war in Besitz eines exklusiven Rechts auf die deutsche Übersetzung aller Lorca-Texte, das er und nach seinem Tod die Heinrich-Enrique-Beck-Stiftung in Basel eifersüchtig hüteten. 1998, zum 100. Geburtstag Lorcas, hat sich der Suhrkamp Verlag in Frankfurt am Main dazu entschlossen, aus Protest gegen dieses Monopol den »Fall Lorca« öffentlich zu machen. Die Fachgutachten, wie schon viel früher die Urteile mancher Hispanisten, sind für Beck vernichtend ausgefallen. In der Folge konnte die Enrique-Beck-Stiftung im Jahr 2000 zu einer vertraglichen Regelung gebracht werden, die auch andere Übersetzer von Lorca-Texten zulässt. Im August 2006, 70 Jahre nach dem Tod des Autors, sind die Texte urheberrechtlich ohnehin frei geworden. Bringt es uns weiter? Ernst Rudin (2000) hat nach Vergleich zahlreicher Übersetzungen einen resignierten, vielleicht auch tröstlichen Schluss gezogen: »Den ›wahren‹ Autor und die ›wahre‹, die ›perfekte‹ Übersetzung‹ gibt es nicht.« Neu ist die Erkenntnis nicht, denn schon Grillparzer hatte festgestellt: »Dichter können überhaupt nicht übersetzt werden, am wenigsten die Spanier, bei denen der Zauber des Ausdrucks die Hälfte des Wertes ausmacht.«

Dennoch wagen wir Übersetzer es immer wieder. Golo Mann, in späten Jahren von der spanischen Dichtung begeistert, nennt dafür den einfachen Grund: »Wer heute Lorca übersetzt, der, ich weiss es, begibt sich in einen Garten, in dem es von bewährten Kennern wimmelt; er tut Überflüssiges. Aber wer kann der Liebe schon widerstehen?« (G. Mann, 1981). Zu meinem hier vorliegenden Versuch nur so viel: Angesichts der erwähnten »Unmöglichkeit« ist die Darbietung des spanischen Originals neben der Übersetzung unabdingbar, also die zweisprachige Edition. Der Text der Zielsprache braucht dabei nur eine Lesehilfe zu sein, eine wirksame Überbrückung der Sprachbarriere. Die Übersetzung von Lyrik allerdings darf und soll meines Erachtens mehr sein als ein Glossar oder eine Interlinearversion, denn einiges von jenem Überschuss an Ausdruckskraft, der die Lyrik gegenüber der Prosa auszeichnet, kann man in die Zielsprache herüberretten, und zwar durch geeignete Wortwahl, durch angenäherte Syntax und Wortfolge, durch imitativen Rhythmus. Auf den Reim, den zwingenden und erzwungenen, darf allerdings zumeist verzichtet werden. Zu oft haben metrische Rücksichten die Übersetzer dazu verleitet, den Kunstanspruch ihrer eigenen Version durchzusetzen, auf Kosten einer getreuen Wiedergabe des Originals. Demnach lautet meine Devise: So treu wie möglich, so frei wie nötig, und nicht umgekehrt.

Gustav Siebenmann

Register der spanischen Gedichtanfänge und -titel